# 차례

일본 저자의 말   4

편역자의 말   5

이 책의 사용법   8

**4학년**   한자 200자 지구를 구출하라   12
          종합신습한자   48

**5학년**   한자 185자 미스터리 랜드   54
          종합신습한자   94

**6학년**   한자 181자 패럴렐 월드   100
          종합신습한자   138

부록 | 본문에서 나온 566자 총 TEST   144
       N2 필수한자 421자 관련어휘   154

# 이 책의 사용법

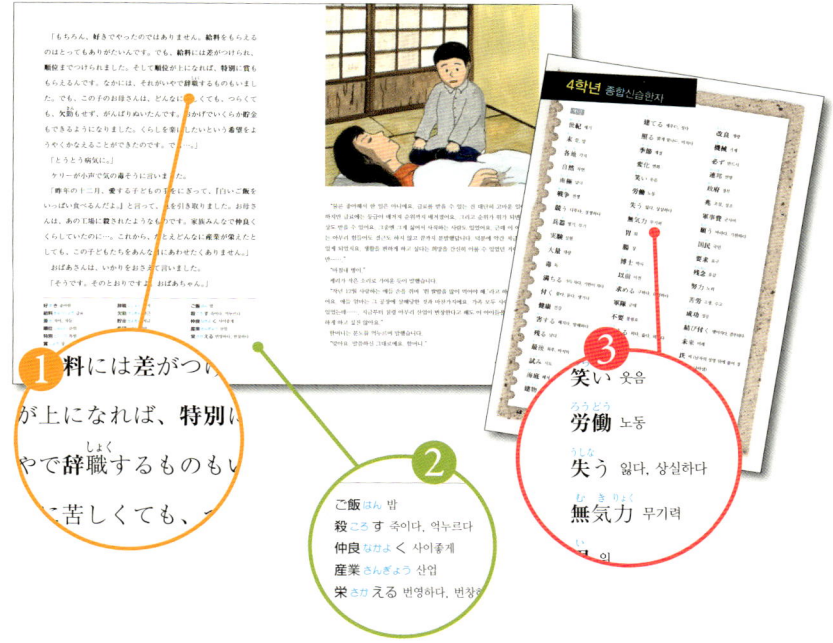

1. 이 책에서는 각 학년에서 학습하는 한자를 굵은 자로 표시했습니다. 아직 배우지 않은 한자에는 후리가나가 달려 있습니다.

2. 본문 하단에 한자의 읽는 법이 표기되어 있습니다. 같은 한자가 반복해 나온 경우는 최초에 나온 한자만을 기록했습니다. 같은 한자라도 읽는 법이 다르거나, 다른 한자와 함께 사용하는 경우는 그때마다 표기했습니다. 한자 사용법의 변화를 외우는 데 유용하게 써 주세요.

3. 각 학년의 마지막 페이지에 한자 일람을 넣었습니다. 책을 다 읽고 나서 한자를 읽을 수 있는지 점검해 보시기 바랍니다.

5. 부록에는 N2 필수한자에 관련된 단어를 엄선하여 수록했습니다. N2 문자어휘와 독해 공부에 좋습니다.

여러분, 언어의 핵심은 어휘력입니다. 이야기가 있는 한자동화와 N2의 필수한자를 읽힘으로써 N2에 합격하는 기쁨을 누려보세요. 합격하는 그날까지 여러분을 응원합니다. 파이팅!

강봉수

구에 다다르게 되고 동굴을 지나면서 몸의 크기가 30분의 1로 줄어들게 된다. '꿈의 나라'에서 안내 담당인 스즈키 씨로부터 자세한 이야기를 듣게 되는데…….

[6학년] 한자 181자 패럴렐 월드
　지루한 정월을 보내고 있던 소스케는 어느 날 히로시 삼촌과 규슈로 비행 여행을 떠난다. 가는 도중에 히로시마 북부 상공에서 기체이상을 일으켜 이차원(異次元) 세계로 빨려 들어가는데, 과연 어떤 일이…….

　언어에서 중요한 것은 '리딩(읽기)'입니다. '리딩만이 살길'입니다. 많이 읽고 완전히 자신의 것이 되기까지는 상당한 시간이 걸리기 마련입니다. 즉 우리가 음식을 먹고 소화를 시키듯 한자를 이해하는데도 그만큼 시간이 걸린다는 것을 잊지 마십시오. 중요한 건 뚜렷한 목표의식으로 지금의 공부를 즐기면서 할 수 있느냐에 달려 있다고 봅니다. 즐기면서 하십시오. 늘어나는 자신의 일본어 실력을 느끼면서…….

　이 책의 공부 방법을 살펴보면,
1. 성우의 목소리를 들으면서 동화를 흉내 내며 따라 읽습니다. 특히 굵은 글씨로 된 한자를 의식하며 읽는 연습을 하는 것이 좋습니다.
2. 아는 한자와 모르는 한자를 점검합시다.
3. 모르는 한자를 점검하며 다시 한 번 읽고 쓰면서 외웁시다.
4. 외운 한자를 각 장이 끝날 때 TEST를 합니다.

## 편역자의 말

 이 책은 일본어 한자를 좀 더 효율적으로 공부할 수 있게끔 배려한 책입니다. 일본 초등학교 4학년에서 6학년까지 배우는 한자를 창작동화를 읽으면서 익힐 수 있습니다. 굵은 글자로 표시했으므로 공부하기 쉽습니다. 그리고 부록으로 421자의 한자를 풍부한 예시를 통해 일본어능력시험 N2 문자어휘와 독해 공부에 도움이 될 수 있도록 구성했습니다.
 늘 우리의 머리를 맴도는 한자. 부담스런 한자. 하지만 이야기를 통해 한자를 공부할 수 있다면 한자가 그렇게 어렵지만은 않을 것입니다.

 그럼 여기에서 각 학년의 내용을 잠시 살펴보면,
 [4학년] 한자 200자 지구를 구출하라
 21세기 중엽이 되자 전 세계에 전쟁으로 인한 신병기 개발 실험이 시행된다. 그로 인해 물과 공기의 오염으로 건강을 잃게 되고 전 세계에서 사람들이 죽어가는 가운데 살아남은 사람들은 해저도시를 만들어 생명을 연명한다. 해저도시의 생활로 건강이 나빠져 이를 해결하기 위해 오니시 박사가 타임머신을 개발하여 과거로 여행을 떠나는데……. 과연 과거로 돌아가 사람들의 마음을 쇄신하여 지구의 미래를 바꿀 수 있을지 기대하라…….

 [5학년] 한자 185자 미스터리 랜드
 도모키와 히데오는 약속 장소에서 전봇대에 붙어 있는 2장의 광고지를 보게 된다. 그 중 '꿈의 나라로 초대' 라는 광고지에 마음이 끌리게 되고 지도에 붙어 있는 지도를 따라가게 된다. 결국 '꿈의 나라' 의 입

## 일본 저자의 말

초등학교 1학년이 되어 처음 한자를 배웠을 때를 기억하고 있나요. 대부분의 사람이 기뻐 두근거리면서 읽거나 쓰지 않았나요. 그러나 점점 학년이 올라감에 따라 1학년 때의 의욕이 사라져 가는 경우가 많은 것 같습니다.

3학년이 되면 1년 동안 배우는 한자가 200자나 되어 매일 새로운 한자를 외워야 합니다. 하나하나 한자의 유래를 익히며 깊게 학습하면 나름 의욕도 생깁니다만 좀처럼 그럴 시간이 없습니다. 할 수 없이 반복 연습과 테스트의 반복으로 암기합니다.

열심히 연습하여 10문제나 20문제의 간단한 테스트는 합격점을 받더라도 학기말 테스트를 치룰 때는 더 이상 생각나지 않는 한자가 많이 생깁니다. 고학년이 될수록 점점 쌓여서 '한자는 잘 못하겠어.'라는 사람이 늘어나는 것 같습니다. 저 자신도 그랬습니다.

이런 여러분의 고민을 해결하기 위해 만든 것이 바로 이 책입니다.

이 책에서는 각 학년에서 학습해야 하는 한자를 모두 한 편의 동화 속에서 사용하고 있습니다. 본문 하단에 신출한자를 읽는 법이 있으므로, 아직 배우지 않은 학기 초부터 읽을 수 있습니다. 몇 번씩 반복해 읽다 보면 그 학년의 한자를 자연스레 모두 외울 수 있습니다.

물론 흥미가 생기면 다음 학년의 동화도 읽을 수 있으며 복습을 위해 1학년 동화부터 읽을 수도 있습니다. 저학년은 집에서 가족들과 함께 읽으면 한자를 익힐 수 있을 뿐만 아니라, 책을 읽는 즐거움도 맛볼 수 있을 거로 생각합니다.

동화를 읽는 즐거움과 한자를 외우는 것이 동시에 가능한 이 책이 여러분의 학습 활동에 도움이 되기를 바랍니다.

# 창작동화로 배우는
# 일본어
# 필수한자
### N2 421자

이노우에 노리오 글·그림
강봉수 편역

SHOGAKKO GAKUSYU KANJI 1006JI GA SUBETE YOMERU KANJI DOUWA
Copyright ⓒ 2009 by Norio INOUE
All rights reserved.
Originally Published in Japan in 2010 Honnoizumisha.
Korean Translation Copyright ⓒ 2011 by Joongang Life Publishing Co.
Korean edition is published by arrangement with Honnoizumisha
through BC Agency.

이 책의 한국어판 저작권은 BC에이전시를 통한
저작권자와의 독점계약으로 중앙에듀북스에 있습니다. 신저작권법에 의해
한국 내에서 보호를 받는 저작물이므로 무단전재와 복제를 금합니다.

창작동화로 배우는 일본어 필수한자 N2 421자

# 4학년
## 한자 200자

ち きゅう   すく
地球を救え

지구를 구출하라

# 第一章　二十世紀への旅

　二十世紀の末から地球上の各地で自然破壊が進み、南極にできたオゾンホールも広がっていきました。そして、二十一世紀の中ごろになると、世界中に戦争が広がり、各国は競って新兵器を開発するための実験を行いました。

　そのため、水も空気もよごれ、ついに地球は、大量の毒で満ちあふれるまでになりました。気が付いた時には、多くの人が健康を害し、世界中の人々が次々に死んでいったのです。

　生き残った人々は、最後の試みとして、海の中に海底都市を作りました。そして、今日まで何とか生きのびることができたのです。

　しかし、その海底都市も古くなり、すべての建物を建てかえなければならない時期になっていました。

　その上、太陽も照らず、季節の変化のない海底での生活は、人々から笑いをうばい、労働意よくを失わせました。また、多くの人は無気力になり、胃や腸を悪くしました。

---

世紀 せいき 세기
末 すえ 끝, 말
各地 かくち 각지
自然 しぜん 자연
南極 なんきょく 남극
戦争 せんそう 전쟁

競 きそう 다투다, 경쟁하다
兵器 へいき 병기, 무기
実験 じっけん 실험
大量 たいりょう 대량
毒 どく 독
満 みちる 가득 차다, 기한이 차다

付 つく 붙다, 묻다, 생기다
健康 けんこう 건강
害 がいする 해치다, 방해하다
残 のこる 남다
最後 さいご 최후, 마지막
試 こころみ 시도

## 제1장  20세기에의 여행

　20세기 말부터 지구상의 각지에서 자연파괴가 진행되어, 남극에 생긴 오존 구멍도 넓어져 갔습니다. 그리고 21세기 중엽이 되자 전 세계에 전쟁이 확대되어 각국은 앞다투어 신병기를 개발하기 위한 실험을 했습니다.

　그로 인해 물도 공기도 오염되어 마침내 지구는 대량의 독으로 가득 차기에 이르렀습니다. 정신이 들었을 때에는 많은 사람이 건강을 잃고, 전 세계 사람들이 차례로 죽어 갔던 것입니다.

　살아남은 사람들은 마지막 시도로서 바닷속에 해저도시를 만들었습니다. 그리고 오늘날까지 어떻게든 살아남을 수 있었던 것입니다.

　그러나 그 해저도시도 오래되어 모든 건물을 새로 지어야 하는 시기가 되었습니다.

　게다가 태양도 비치지 않고 계절의 변화가 없는 해저에서의 생활은 사람들로부터 웃음을 빼앗고, 노동의욕을 잃게 했습니다. 또 많은 사람은 무기력해져 위나 장이 나빠졌습니다.

海底 かいてい 해저
建物 たてもの 건물
建 たてる 세우다, 짓다
照 てる 밝게 빛나다, (해·달이) 비치다
季節 きせつ 계절
変化 へんか 변화
笑 わらい 웃음
労働 ろうどう 노동
失 うしなう 잃다, 상실하다
無気力 むきりょく 무기력
胃 い 위
腸 ちょう 장

大西博士は、以前から平和を求め、軍隊は不要という考え方を唱えてきました。そして人類を救うために、こつこつと研究を積み重ねてきたのです。

　「ドクター大西、いよいよ完成ですか？」

　助手のケリーがたずねると、最後の点検をしていたドクターは、手を休めて答えました。

　「喜べ！ ケリー君。とうとうやったぞ。改良に改良を重ねてついに完成だ。」

　「とうとうやりましたね、ドクター！ この機械さえあれば、必ず人類は助かります。」

　「これまで、連邦政府は、毎年何兆円、いや何十兆円も軍事費に使い、平和を願う国民の要求には耳をかたむけなかった。」

　ドクターは、残念そうに言いました。

　「でも、ドクターの努力と苦労がついに、この成功に結び付いたのです。そして、人類の未来を切り開いたのです。」

---

博士 はくし=はかせ 박사
以前 いぜん 이전
求 もとめる 구하다, 요청하다
軍隊 ぐんたい 군대
不要 ふよう 불필요
唱 となえる 외다, 읊다, 외치다
人類 じんるい 인류
救 すくう 구하다, 돕다
積 つむ 쌓다

完成 かんせい 완성
喜 よろこぶ 기뻐하다, 즐거워하다
改良 かいりょう 개량
機械 きかい 기계
必 かならず 반드시
連邦 れんぽう 연방
政府 せいふ 정부
兆 きざし 조짐, 징조
軍事費 ぐんじひ 군사비

願 ねがう 바라다, 기원하다
国民 こくみん 국민
要求 ようきゅう 요구
残念 ざんねん 유감
努力 どりょく 노력
苦労 くろう 고생, 수고
成功 せいこう 성공
結 むすび付つく 맺어지다, 결부되다
未来 みらい 미래

　오니시 박사는 이전부터 평화를 요구하며, 군대는 필요 없다고 하는 사고방식을 주장해 왔습니다. 그리고 인류를 구하기 위해 부지런히 연구를 거듭해 왔던 것입니다.
　"오니시 박사님 드디어 완성인가요?"
　조수인 케리가 묻자 마지막 점검을 하고 있던 박사는 일하던 손을 잠시 쉬며 대답했습니다.
　"기뻐하게! 케리군. 마침내 해냈어. 개량에 개량을 거듭해 드디어 완성해 냈어."
　"결국 해냈군요. 박사님! 이 기계만 있으면, 반드시 인류는 살아날 거예요."
　"지금까지 연방정부는 매년 몇조 엔, 아니 몇십조 엔이나 되는 돈을 군사비에 사용하고도 평화를 원하는 국민의 요구엔 귀를 기울이지 않았어."
　박사는 유감스러운 듯이 말했습니다.
　"하지만 박사님의 노력과 고생이 마침내 이 성공으로 이어진 거예요. 그리고 인류의 미래를 개척한 셈이에요."

ケリーは、大西氏の両手を固くにぎりしめて言いました。

　「ありがとう。しかし、人類がもう少し早くこのおろかさに気付いていれば、こんなものを作らなくても、何億人もの命が助かったはずだが……。」

　ドクターは、鏡の前で白衣をぬぎながら、静かに言いました。

　「それはドクターのせいではありません。連邦の官僚や大臣が悪いのです。何の反省もなく、目先の利益しか考えない政治家が悪いのです。」

　ケリーは、ドクターを説得するような熱い口調で言いました。

　「わかった、わかった。とにかく、マシーンが完成したんだ。お祝いをしよう。わたしは、シャワーを浴びてくるから、料理の用意をしておいてくれないか。」

　「はい、わかりました、ドクター。」

　ケリーはそう言うと、食堂へ行き、冷蔵庫からソーセージを取り出して塩をふりかけて焼き始めました。それから、倉庫からテーブルを出して、その上にソーセージとワインを置きました。そしてそのわきに一輪のドライフラワーをかざりました。

　その時です。ゴーというごう音と共にテーブルはたおれ、食器も花びんも飛び散って、粉ごなにくだけました。

　「わあ、地しんだ！　ドクター、早く！　早くマシーンを使いましょう。」

케리는 오니시 박사님의 양손을 굳게 쥐며 말했습니다.

"고맙네. 그러나 인류가 좀 더 빨리 이 어리석음을 알아차렸더라면, 이런 것을 만들지 않아도 몇억 명이나 되는 생명을 구할 수 있었을 텐데……."

박사는 거울 앞에서 흰 가운을 벗으면서 조용히 말했습니다.

"그건 박사님 탓이 아니에요. 연방 관료와 대신이 나쁜 거예요. 아무런 반성도 없이 눈 앞의 이익만 생각하는 정치가가 나쁜 거예요."

케리는 박사님을 설득하는 듯한 뜨거운 어조로 말했습니다.

"알겠네. 알겠어. 아무튼 머신을 완성했어. 축하를 함세. 난 샤워를 하고 올 테니까 요리를 준비해 주지 않겠나."

"예, 알겠어요. 박사님."

케리는 그렇게 말한 뒤, 식당에 가서 냉장고에서 소시지를 꺼내 소금을 뿌려 굽기 시작했습니다. 그리고 창고에서 테이블을 꺼낸 다음 소시지와 와인을 놓았습니다. 그리고 그 옆에 말린 꽃 한 송이를 장식했습니다.

그때입니다. '쿵!' 하는 굉음과 함께 테이블은 쓰러지고, 식기도 꽃병도 튀며 산산조각으로 부서졌습니다.

"우와, 지진이다! 박사님, 빨리! 빨리 머신을 사용합시다."

---

氏 し 씨 (남자의 성명 아래 붙임)
固 かた い 단단하다
億 おく 억
鏡 かがみ 거울
白衣 はくい 백의, 흰옷
静 しず か 고요함
官僚 かんりょう 관료
大臣 だいじん 내각의 대신, 장관
反省 はんせい 반성

利益 りえき 이익
政治家 せいじか 정치가
説得 せっとく 설득
熱 あつ い 뜨겁다, 열정적이다
お祝 いわ い 축하, 축의금
浴 あ びる 끼얹다, 뒤집어쓰다
料理 りょうり 요리
食堂 しょくどう 식당
冷蔵庫 れいぞうこ 냉장고

塩 しお 소금
焼 や く 태우다, 굽다
倉庫 そうこ 창고
置 お く (물건을) 어디에 두다
一輪 いちりん (꽃) 한 송이
共 とも 함께
食器 しょっき 식기
飛 と び散 ち る 흩날리다, 튀다
粉 こな 가루

ケリーは、よろけながらマシーンの中へ入りました。

「よし、わかったすぐ行く。」

身を低くして、シャワールームから出てきたドクターは、ゆれがおさまるのを待って、マシーンに乗りこみました。

「さあ、いよいよこのマシーンを試す時が来た。」

「ドクター。いつの時代へ行くのですか？」

「百年前だ。」

「というと、一九六〇年ですね。」

「そうだ。一九六〇年までもどれば、やり直せる。」

「つまり、歴史を変えてしまうのですね。」

「やってはならないことだが、今となっては仕方がない。」

二人はこんなことを話しながら、タイムマシーンの席に着きました。

「よし、じゃあ出発だ！」

ドクターがスイッチをおすと、ボーという音と共に、直径二メートルほどの円形の小さなマシーンは、真っ赤な火に包まれ、やがて静かに消えていきました。

---

低 ひくい 낮다　　　　　変 かえる 바꾸다, 변화시키다　　　包 つつむ 싸다, 에워싸다
試 ためす 시험해보다　　　席 せき 자리
歴史 れきし 역사　　　　　直径 ちょっけい 직경

케리는 비틀거리면서 머신 안에 들어갔습니다.

"자, 알겠네. 바로 감세."

몸을 낮추어 샤워 룸에서 나온 박사는 흔들림이 진정되는 것을 기다렸다 머신에 올라 탔습니다.

"자, 드디어 이 머신을 시험할 때가 왔네."

"박사님, 어느 시대로 갈 건가요?"

"백 년 전으로 감세."

"즉, 다시 말해서 1960년이군요."

"맞아. 1960년까지 돌아가면 다시 할 수 있어."

"즉, 역사를 바꾸어 버리는 셈이겠네요."

"해선 안 되는 일이지만 지금에선 도리가 없네."

두 사람은 이런 말을 하면서 타임머신 자리에 앉았습니다.

"좋아, 그럼 출발함세!"

박사가 스위치를 누르자, '콰아앙-!' 하는 소리와 함께 직경 2미터 정도의 원형의 작은 머신은 시뻘건 불길에 휩싸여 얼마 안 있어 조용히 사라져 갔습니다.

4학년 **지구를 구출하라** 19

## 第二章　出会い

　マシーンの中でねむり続けていた二人は、ガタガタという大きなゆれで目を覚ましました。周囲がだんだん明るくなり、やがてマシーンは停止しました。

　二人は、小さなまどから、外の様子を観察しました。遠くに山脈が連なっているのが見えました。その時、日本語と英語のアナウンスが聞こえてきました。

　そしてしばらくすると、小型の飛行機が着陸するのが見えました。反対側のまどからのぞくと、貨物を運ぶ車が見えました。

　「ドクター。あれは日南航空の飛行機です。どこかの空港のようですね。」

　「うん。そのようだ。しかし、どうもマシーンの調子がおかしい。時代をまちがえたかもしれない。」

　「じゃあ、たしかめに行きましょう。幸いここなら、マシーンが見つかることはありません。」

　二人は、そっとマシーンを出て、標識を見ながら、ターミナルビルの案内カウンターへ行きました。

　「ああ、やっぱりまちがえた。見たまえ。〈二〇〇〇年八月三日〉となっている。四十年も時代をまちがえてしまった。もう、水も空気もだいぶよごれているだろう。」

## 제2장  만남

머신 속에서 계속 잠을 자던 둘은 덜컹거리는 큰 흔들림으로 잠을 깼습니다. 주위가 점점 밝아지고, 머지않아 머신은 정지했습니다.

둘은 작은 창문에서 바깥 상황을 관찰했습니다. 멀리 산맥이 이어져 있는 것이 보였습니다. 그때, 일본어와 영어 방송이 들려왔습니다.

그리고 잠시 후 소형 비행기가 착륙하는 것이 보였습니다. 반대 측 창문에서 들여다보니 화물을 운반하는 차가 보였습니다.

"박사님, 저건 니치난 항공의 비행기입니다. 어딘가의 공항인 것 같군요."

"응, 그런 것 같군. 근데 아무래도 머신의 상태가 이상해. 시대를 착각했는지도 몰라."

"그럼, 확인하러 갑시다. 다행히 여기라면 머신이 발견될 염려는 없어요."

둘은 살짝 머신을 나와 표지를 보면서 터미널 빌딩의 안내 카운터로 갔습니다.

"아, 역시 틀렸어. 보게나. 〈2000년 8월 3일〉로 되어 있어. 40년이나 시대를 착각하고 말았어. 이제 물도 공기도 상당히 오염되어 있을 거야."

---

続 つづける 계속하다
覚 さます (잠을) 깨우다, 깨다, 깨우치다
周囲 しゅうい 주위
停止 ていし 정지
観察 かんさつ 관찰

山脈 さんみゃく 산맥
連 つらなる 이어지다, 참석하다
英語 えいご 영어
小型 こがた 소형
飛行機 ひこうき 비행기
着陸 ちゃくりく 착륙

反対側 はんたいがわ 반대쪽
貨物 かもつ 화물
航空 こうくう 항공
標識 ひょうしき 표지
案内 あんない 안내

**4학년** 지구를 구출하라  **21**

ドクターが声をひそめて言いました。

「でも、今から何とかすれば、人類は助かるのではないですか。とにかく調べてみましょう。」

「そうだな。あきらめるのはまだ早いか。」

二人は、レンタカーを借りて、海へ向かいました。

小さな街を通りすぎてしばらく行くと、やがて海辺の道に出ました。なつかしい景色でした。

「ケリー。ここに見覚えはないかい？」

「もしかすると、ここは海底都市ができるまで、わたしたちが住んでいた町ではないですか？」

「そうだよ。ほら、あれをごらん。『村田郡 東谷郵便局』と書いてあるだろ。」

「あっ、本当だ。ここは、六十年前のわたしたちの町ですね。」

二人は車をおりて、海の方へ歩き出しました。

しばらく行くと、向こうから一人の青年が歩いてきました。二人は、その青年の顔を見て、目を丸くしました。

「あっ！ わたしににている。」

ケリーは、声をふるわせました。

---

借 かりる 빌리다
街 まち 거리
海辺 うみべ 해변, 바닷가

景色 けしき 경치
見覚 みおぼえ 전에 본 기억이 있음
郡 ぐん 군

郵便局 ゆうびんきょく 우체국

박사가 소리를 낮춰 말했습니다.

"하지만 지금부터 어떻게든 하면 인류는 살아나지 않을까요? 아무튼 조사해 봅시다."

"맞아. 단념하는 건 아직 일러."

둘은 렌터카를 빌려 바다로 향했습니다.

작은 마을을 지나 잠시 가자 얼마 안 있어 해변 길로 나왔습니다. 그리운 풍경이었습니다.

"케리, 여기에 와 본 기억이 없는가?"

"어쩜 여긴 해저도시가 생기기까지 우리들이 살았던 마을이 아닌가요?"

"맞아. 이봐 저걸 봐. '무라타군 히가시타니 우체국' 이라고 쓰여 있잖아."

"앗, 정말이네요. 여긴 60년 전의 우리들의 마을이군요."

둘은 차에서 내려 바다 쪽으로 걷기 시작했습니다.

잠시 가자, 맞은편에서 한 청년이 걸어왔습니다.

둘은 그 청년의 얼굴을 보고 눈을 동그랗게 떴습니다.

"앗! 나를 닮았어."

케리는 목소리가 떨렸습니다.

「君のおじいさんじゃないか。」

「えっ、わたしのおじいさん。」

「そうだ。君のおじいさんだ。何ていう名だ？」

「わたしのおじいさんは、ケラーです。田中ケラーです。聞いてみます。」

　ケリーはこう言うと、青年に近づいて行きました。

「あの、田中ケラーさんではありませんか？」

「ああ、そうだ。でもなぜおれを知っているんだ。」

　青年は、不思議そうな顔で言いました。

「信じられないかもしれないけど、あなたはわたしのおじいさんです。わたしたちは、人類を救うために、未来からやって来たのです。」

「未来！」

　青年は、声をはりあげました。

「しっ！　そうです。二〇六〇年から来たのです。わたしの名前は、田中ケリー。そして、あなたは、わたしのおじいさんなのです。」

「えっ。じゃあ君は、おれの孫というわけ。おれは君のおじいさん。そんなばかな！」

「うそじゃありません、おじいさん。わたしとあなたはそういう関係なのです。」

"자네 할아버지가 아닌가"

"엣, 제 할아버지라고요."

"맞아, 자네 할아버지야. 이름이 뭐지?"

"제 할아버지는 케라예요. 다나카 케라예요. 물어보겠습니다."

케리는 이렇게 말하며 청년에게 다가갔습니다.

"저, 다나카 케라 씨 아닌가요?"

"아 맞네만. 근데 어째서 날 알고 있나?"

청년은 의아한 얼굴로 말했습니다.

"믿지 않을지도 모르지만, 당신은 제 할아버지입니다. 저희들은 인류를 구하기 위해 미래에서 왔어요."

"미래!"

청년은 소리를 질렀습니다.

"쉿! 맞아요. 2060년에서 왔어요. 제 이름은 다나카 케리예요. 그리고 당신은 제 할아버지고요."

"엣, 그럼 자넨 네 손자인 셈인가. 난 자네의 할아버지. 그런 어처구니없는 일이!"

"거짓말이 아니에요. 할아버지. 저와 당신은 그런 관계예요."

不思議 ふしぎ 불가사의  孫 まご 손자  関係 かんけい 관계
信 しん じる 믿다. 신뢰하다

「うわあ！ ショック。それじゃあ、この老人は。」

「この方は、大西博士です。タイムマシーンを作られた方です。実は、マシーンの調子が悪くて、予定より新しい時代に来てしまったのです。」

「あなたに一つ聞きたいのだが、今、この海で魚がとれるのかな？」

ドクターがたずねました。

「あの海の水を見てみな。この辺一帯とても魚が住める海じゃあない。」

「いつごろからこんなことに？」

青年はうでを組んでちょっと考えてから言いました。

「おれの父は、うでのいい漁師だった。いろんな種類の魚を自由にとった。それはまさに、名人芸だったよ。そして家族を養ってくれた。おれは父のような漁師になりたかった。でも、だんだん魚がとれなくなって、おれが高校を卒業したころには、もうだれも漁をしなくなった。今残っているのは、家にある大漁旗とあそこの灯台だけさ。」

---

老人 ろうじん 노인
辺 へん 근처, 근방
一帯 いったい 일대
漁師 りょうし 어부

種類 しゅるい 종류
名人芸 めいじんげい 명인의 재주[기예]
養 やしなう 양육하다, 기르다

卒業 そつぎょう 졸업
漁 りょう 고기잡이
大漁旗 たいりょうき 만선기, 풍어기
灯台 とうだい 등대

"우와! 쇼크. 그럼 이 노인은."

"이 분은 오니시 박사님입니다. 타임머신을 만드신 분이에요. 실은 머신의 상태가 나빠 예정보다 새로운 시대에 와 버렸어요."

"자네에게 한 가지 묻고 싶은 게 있는데, 지금 이 바다에서 물고기를 잡을 수 있나?"

박사가 물었습니다.

"저 바닷물을 보게나. 이 부근 일대는 도저히 물고기가 살 수 있는 바다가 아니네."

"언제부터 이렇게 됐나?"

청년은 팔짱을 끼며 잠시 생각한 뒤 말했습니다.

"내 아버지는 솜씨 좋은 어부였지. 이런 종류의 물고기를 자유롭게 잡았어. 그건 실로 명인의 재주였어. 그리고 가족을 먹여 살렸어. 난 아버지와 같은 어부가 되고 싶었다네. 하지만 점점 물고기가 잡히지 않게 되어, 내가 고등학교를 졸업했을 무렵엔 더 이상 아무도 고기잡이를 하지 않게 되었어. 지금 남아 있는 건 집에 있는 만선기와 저기의 등대뿐이야."

「ここの漁業は政治家に見すてられたのですね。」

「そうさ。おれ達の意見を聞いてくれる候補者はいたが、票を集めることができず、いつも選挙で敗れてしまった。」

「ドクター。やはり、おそすぎましたね。もう一度マシーンで一九六〇年に行きましょう。」

「そうだな。その前に、マシーンを修理しなければならないが。」

二人が、別れを告げると、

「ケリー、がんばるんだぞ。」

と、ケリーのかたをポンとたたいて、青年は歩き出しました。それから、ふり返って、

「もう一度きれいな海を取りもどしてくれ。たのむぞ。」

と、つけ加えてにっこり笑いました。

その笑顔がとても印象的でした。


## 第三章 まずしい村

「ドクター、起きてください。着いたようです。」

「おっ、そうか。今度はだいじょうぶか。」

ドクターは、少し不安そうに言いました。

"여기 어업은 정치가에게 버림을 받았군요."

"맞아. 우리들의 의견을 들어 주는 후보자는 있었지만, 표를 모으지 못해 언제나 선거에서 패하고 말았어."

"박사님. 역시 너무 늦었군요. 다시 한 번 머신으로 1960년으로 갑시다."

"그래야겠어. 그 전에 머신을 수리해야만 하지만."

둘이 이별을 고하자,

"케리, 힘내게."

하고, 케리의 어깨를 툭 치며 청년은 걷기 시작했습니다. 그리고 뒤돌아보며,

"다시 한 번 깨끗한 바다를 되찾아 주게나. 부탁하네."

하고, 덧붙이며 방긋 웃었습니다.

그 웃는 얼굴이 매우 인상적이었습니다.

## 제3장  가난한 마을

"박사님! 일어나세요. 도착한 것 같습니다."

"오, 그래. 이번엔 괜찮을까?"

박사는 조금 불안한 듯이 말했습니다.

---

漁業 ぎょぎょう 어업
おれ達 たち 우리들
候補者 こうほしゃ 후보자
票 ひょう 표

選挙 せんきょ 선거
敗 やぶ れる (승부에서) 패하다, 지다
別 わか れ 헤어짐, 이별
告 つ げる 고하다, 알리다

加 くわ える 가하다, 늘리다
笑顔 えがお 웃는 얼굴
印象的 いんしょうてき 인상적
不安 ふあん 불안

「きっと、だいじょうぶです。ほら、見てください。山も川もとてもきれいです。」

「そうだな。外に出てみよう。」

「わあ、空気がおいしい。」

ケリーは、両手を力いっぱいのばしながら言いました。

「ここは、**牧**場のようだな。**季節**は秋だ。山が色づき始めている。あそこの村まで歩いてみよう。」

ドクターは、**周りを注意深く観察**しながら言いました。

その時、**突**然、子どもが二人、木かげから**飛**び出してきました。

「助けて！」

ドクターとケリーがふり向くと、子どもたちの後ろから大きな黒いかげがこちらへ向かってくるではありませんか。

「わあ、クマだ！」

「にげろ！ こっちだ！」

ドクターはさけびながら、二人をかかえるようにして、谷をめざして走りました。

ケリーはみんなの後ろから、クマの方をふり返りながら走ります。

その時、子どもが一人こけてしまいました。

「おい。だいじょうぶか。」

"틀림없이 괜찮을 거예요. 자, 보세요. 산도 강도 아주 깨끗해요."
"그렇군. 밖에 나가 봄세."
"우와, 공기가 신선한걸."
케리는 양손을 힘껏 뻗으며 말했습니다.
"여긴 목장 같군. 계절은 가을이군. 산이 물들기 시작하고 있어. 저기 마을까지 걸어가 봄세."
박사는 주변을 주의 깊게 관찰하면서 말했습니다.
그때 갑자기 아이 둘이 나무 그늘에서 뛰어나왔습니다.
"살려줘요!"
박사와 케리가 돌아보자 아이들 뒤에서 큰 검은 그림자가 이쪽으로 향해 오는 게 아니겠습니까?
"와, 곰이다!"
"도망쳐! 이쪽이야!"
박사는 외치면서 둘을 껴안으며 계곡을 향해 달렸습니다.
케리는 모두의 뒤에서 곰 쪽을 돌아다보며 달립니다.
그때 한 아이가 넘어지고 말았습니다.
"어이, 괜찮니?"

---

牧場 ぼくじょう 목장　　突然 とつぜん 갑자기　　飛と び出だ す 뛰어나가(오)다
周 まわり 주위

ドクターは、その子をだきかかえて走りました。もう一人の子どもはドクターの服をつかんで走ります。ふり返ると、もうすぐそこまでクマがせまっています。
「急げ！」
　ケリーはさけびながら、後ろから三人を守るように走ります。
「わああ！」
　ドクターと二人の子どもがくぼみに足をとられて草むらにつっこみました。
「助けて！」
「しっかりしろ！」
　今度は、ケリーが子どもたちをかかえて走ります。
「ウウウ……。」
　すぐ後ろからクマのうなり声が聞こえます。
「わあ、もうだめだ！　走れない。」
「しっかりしろ！」
　ケリーが子どもを引きずるようにして前へ進みます。
　その時、
「ウオー！」
　クマがおそいかかってきました。

박사는 그 아이를 껴안고 달렸습니다. 또 한 아이는 박사의 옷을 붙잡고 달립니다. 돌아보니 바로 코앞까지 곰이 다가오고 있습니다.

"서둘러!"

케리는 외치면서 뒤에서 셋을 지키듯이 달립니다.

"우와!"

박사와 아이 둘이 움푹 팬 곳에 발이 걸려 풀숲에 넘어졌습니다.

"살려줘!"

"정신 차려!"

이번엔 케리가 아이들을 껴안고 달립니다.

"우아악……."

바로 뒤에서 곰의 앓는 소리가 들립니다.

"우와, 이제 틀렸어! 못 달리겠어."

"정신 차려!"

케리가 아이를 질질 끌듯이 앞으로 나아갑니다.

그때,

"우아앙-!"

곰이 습격해 왔습니다.

「わああ……！」

ケリーは二人をだくようにして、しゃがみこんでしまいました。

次の瞬間、

「グオー、ウウウ！」

クマはその場にたおれこみ、それからにげて行きました。

ドクターがレーザー光線をクマの目をめがけて発射したのです。

「もうだいじょうぶだよ。」

ドクターがやさしく言うと、二人の男の子は、声をあげて泣きました。

「よかった。もうだいじょうぶ。君たちは、兄弟かい？」

「はい。」

「君たちの家は、どこだい？」

「あの林をぬけた所です。」

兄が答えました。

「じゃあ、いっしょに行こう。」

四人は、**牧**場を横切り、**松林**をぬけて行きました。子どもの家の前には、**浅**い小川が流れていて、**清流**に白菜の葉が散らばっていました。庭には、**梅**の木があり、入り口の屋根にはツバメの**巣**がありました。

ドクターとケリーは、**玄関の表札**を見ながら中へ入りました。

"으아악……!"
케리는 둘을 안듯이 주저앉고 말았습니다.
다음 순간
"워- 으어어!"
곰은 그 장소에 쓰러지더니 달아났습니다.
박사가 레이저 광선을 곰의 눈을 겨냥하여 발사한 것입니다.
"이제 괜찮아."
박사가 상냥하게 말하자 사내아이 둘은 소리를 지르며 울었습니다.
"다행이야. 이제 괜찮아. 너희들은 형제니?"
"예."
"너희들 집은 어디니?"
"저 숲을 빠져나간 곳에 있어요."
형이 대답했습니다.
"그럼 함께 가자꾸나."
네 명은 목장을 가로질러 송림을 빠져나갔습니다. 애들 집 앞에는 얕은 작은 내가 흐르고 있고, 맑게 흐르는 물에 배추 잎이 흩어져 있었습니다. 정원에는 매화나무가 있고, 입구 지붕에는 제비집이 있었습니다.
박사와 케리는 현관 문패를 보면서 안으로 들어갔습니다.

泣 なく 울다
松林 まつばやし 송림
浅 あさい 얕다, (정도가) 낮다
清流 せいりゅう 청류, 맑게 흐르는 물
白菜 はくさい 배추
梅 うめ 매화나무, 매실
巣 す 둥지, 소굴
玄関 げんかん 현관
表札 ひょうさつ 표찰, 문패

「ごめんください。」

ケリーが言うと、しばらくしておばあさんが出てきました。

ドクターは、牧場での出来事を伝え、自分たちが何のために、どこから来たのかを話しました。おばあさんは、目を白黒させて聞いていましたが、やがて、落ち着きを取りもどして、

「あなた方は、孫の命を助けてくれた恩人です。」

と言ってなみだをふきました。

そして、こんな話を始めました。

「実は、この子たちのお父さんは、二年前に病気で死にました。それで、お母さんが町の工場にとまりこみで働くようになりました。

初めのうちは、食事付きでお金がもらえると喜んでいたのですが、上司のあつかいはひどいものだったようです。副社長が、夜おそくまで働くよう命令を出し、課長がみんなを一日中管理したのです。」

「それでお母さんは……。」

ドクターが口をはさみました。

「ええ、病気でたおれ、夫の後を追うように昨年なくなりました。」

「ひどい話だ。なぜそこまでがまんを。」

ケリーがたずねました。

"실례합니다."

케리가 말하자, 잠시 후 할머니가 나왔습니다.

박사는 목장에서의 사건을 전하고, 자신들이 뭐 때문에 어디에서 왔는지를 말했습니다. 할머니는 눈을 희번덕거리며 듣고 있었습니다만, 얼마 안 있어 안정을 되찾고는

"당신들은 손자의 생명을 구해 준 은인이에요."

라고 말하며 눈물을 닦았습니다.

그리고 이런 이야기를 시작했습니다.

"실은 이 아이들 아버진 2년 전에 병으로 죽었어요. 그래서 아이 엄마가 마을 공장에서 묵으며 일하게 되었지요.

처음에는 식사가 딸려 나오고 돈을 받을 수 있다고 기뻐했지만, 상사의 대우는 형편없었던 것 같아요. 부사장이 밤늦게까지 일하도록 명령을 하고, 과장이 모두를 온종일 관리했어요."

"그래서 애 엄마는……"

박사가 끼어들었습니다.

"예, 병으로 쓰러져 남편의 뒤를 쫓듯 작년에 죽고 말았어요."

"지독한 얘기군. 왜 거기까지 참았나요."

케리가 물었습니다.

---

伝つたえる 전하다, (소식을) 알리다
働はたらく 일하다
初はじめ 처음
付つく 붙다, 묻다, 생기다

上司じょうし 상사
副社長ふくしゃちょう 부사장
命令めいれい 명령
課長かちょう 과장

管理かんり 관리
夫おっと 남편
昨年さくねん 작년

「もちろん、**好**きでやったのではありません。**給料**をもらえるのはとってもありがたいんです。でも、**給料**には**差**がつけられ、**順位**までつけられました。そして**順位**が上になれば、**特別**に**賞**ももらえるんです。なかには、それがいやで**辞職**するものもいました。でも、この子のお母さんは、どんなに苦しくても、つらくても、**欠勤**もせず、がんばりぬいたんです。おかげでいくらか**貯金**もできるようになりました。くらしを楽にしたいという**希望**をようやくかなえることができたのです。でも…。」

「とうとう病気に。」

ケリーが小声で**気**の**毒**そうに言いました。

「**昨年**の十二月、**愛**する子どもの手をにぎって、『白いご**飯**をいっぱい食べるんだよ。』と言って、息を引き取りました。お母さんは、あの工場に**殺**されたようなものです。家族みんなで**仲良**くくらしていたのに……。これから、たとえどんなに**産業**が**栄**えたとしても、この子どもたちをあんな目にあわせたくありません。」

おばあさんは、いかりをおさえて言いました。

「そうです。そのとおりですよ。おばあちゃん。」

---

**好**すき 좋아함
**給料**きゅうりょう 급료
**差**さ 차이, 차등
**順位**じゅんい 순위
**特別**とくべつ 특별
**賞**しょう 상

**辞職**じしょく 사직
**欠勤**けっきん 결근
**貯金**ちょきん 저금
**希望**きぼう 희망
**気**の**毒**どく 딱함, 불쌍함
**愛**あいする 사랑하다

ご**飯**はん 밥
**殺**ころす 죽이다, 억누르다
**仲良**なかよく 사이좋게
**産業**さんぎょう 산업
**栄**さかえる 번영하다, 번창하다

"물론 좋아해서 한 일은 아니에요. 급료를 받을 수 있는 건 대단히 고마운 일이에요. 하지만 급료에는 등급이 매겨져 순위까지 매겨졌어요. 그리고 순위가 위가 되면 특별히 상도 받을 수 있어요. 그중엔 그게 싫어서 사직하는 사람도 있었어요. 근데 이 아이 엄마는 아무리 힘들어도 결근도 하지 않고 끝까지 분발했답니다. 덕분에 약간 저금도 할 수 있게 되었지요. 생활을 편하게 하고 싶다는 희망을 간신히 이룰 수 있었던 거에요. 하지만……."

"마침내 병이."

케리가 작은 소리로 가여운 듯이 말했습니다.

"작년 12월 사랑하는 애들 손을 쥐며 '흰 쌀밥을 많이 먹어야 해.'라고 하며 숨을 거뒀어요. 애들 엄마는 그 공장에 살해당한 것과 마찬가지예요. 가족 모두 사이좋게 지내고 있었는데……. 지금부터 설령 아무리 산업이 번창한다고 해도 이 아이들을 그런 꼴을 당하게 하고 싶진 않아요."

할머니는 분노를 억누르며 말했습니다.

"맞아요. 말씀하신 그대로예요. 할머니."

ドクターは、声を強めて言いました。
「お母さんの死を教訓にして、いい世の中をつくっていかなければなりません。そのために、わたしたちはここへ来たのです。」
　ケリーは、こう言って、かばんの中から大きな事典と印刷物を取り出しました。
　そして、
「この事典には、二十一世紀中ごろのことはすべて書かれています。それから、これは、悪い法律によって、いかに世の中がひどいことになったかという事例を記録したものです。約二百の事例が書かれています。これを一人でも多くの人に読んでほしいのです。」
　こう説明しました。
「大人だけでなく、小・中学校の児童や生徒にも知ってほしいと思います。いや、未来を生きる子どもにこそ知っておいてほしいのです。そして、正しい考えを勇気を持って言えるようになってほしいのです。だから、わたしは、この記録を教材にして、できるだけ多くの子どもたちに話をしたいと思っています。」
　今度は、ドクターが力強く話しました。
「わかりました。どんなことでも協力します。必要なことがあれば、何でも言ってください。」
　おばあさんは、真けんな顔で約束してくれました。

박사는 언성을 높이며 말했습니다.

"애 엄마의 죽음을 교훈으로 삼아 좋은 세상을 만들어 가야 해요. 그것 때문에 저희들은 여기에 왔어요."

케리는 이렇게 말하며 가방 안에서 큰 사전과 인쇄물을 꺼냈습니다.

그리고,

"이 사전에는 21세기 중엽의 일이 모두 쓰여 있답니다. 그리고 이건 나쁜 법률로 인해 얼마나 세상이 형편없이 되었는가 하는 사례를 기록한 거랍니다. 약 2백 사례가 쓰여 있어요. 이걸 한 사람이라도 많은 사람이 읽어 주길 바래요."

이렇게 설명했습니다.

"어른뿐만 아니라 초·중학교 아동이나 학생들도 알아주었으면 해요. 아니, 미래를 살아가는 아이들이야말로 알아주길 바래요. 그리고 바른 생각을, 용기를 가지고 말할 수 있게끔 되어 주길 바래요. 그래서 난 이 기록을 교재로 삼아 가능한 한 많은 아이들에게 얘기를 하고 싶어요."

이번엔 박사가 힘차게 말했습니다.

"알았어요. 무슨 일이든 협력하겠어요. 필요한 게 있으면 뭐든지 말씀해 주세요."

할머니는 진지한 얼굴로 약속해 주었습니다.

教訓 きょうくん 교훈
事典 じてん 사전
印刷物 いんさつぶつ 인쇄물
法律 ほうりつ 법률
事例 じれい 사례
記録 きろく 기록
約 やく 약
説明 せつめい 설명
児童 じどう 아동
生徒 せいと 생도, 학생
勇気 ゆうき 용기
教材 きょうざい 교재
協力 きょうりょく 협력
必要 ひつよう 필요
約束 やくそく 약속

# 第四章　二〇六〇年の地球

　こうして、ドクターとケリーは、毎日子どもたちを集めて、**争**いを**無**くすること、自分だけよければいいという考えを**改**めることなどを話しました。
　<ruby>実際<rt>じっさい</rt></ruby>に**未**来を知っている二人の話は、聞く人の心をとらえました。子どもだけでなく、大人の**参加**者もどんどんふえていきました。そして、一回に何百人という**単位**で人が集まるようになりました。やがてうわさは世界中に広がっていきました。


　それから十年がすぎました。
「ドクター。だいぶ多くの人の考え方が**変**わってきましたね。」
　ケリーが言いました。
「そうだな。住みやすい**良**い世の中になってきた。」
　ドクターも**満**足そうに言いました。
「そろそろ、二〇六〇年にもどってみませんか。きっと、**歴史**は**変**わっていますよ。」
　ケリーが言うと、
「実は、わたしもそれを考えていたんだ。もうわたしも年だ。どんな**結果**になっているかを生きているうちに、この目で見ておきたいものだ。」

## 제4장  2060년의 지구

 이리하여 박사와 케리는 매일 아이들을 모아, 싸움을 없앨 것과 나만 괜찮으면 된다는 생각을 고칠 것 등을 얘기했습니다.

 실제로 미래를 알고 있는 두 사람의 얘기는 듣는 사람의 마음을 사로잡았습니다. 아이들뿐만 아니라 참가하는 어른들도 점점 늘어 갔습니다. 그리고 한 번에 몇백 명이라는 단위로 사람이 모이게 되었습니다. 얼마 안 있어 소문은 전 세계로 퍼져 나갔습니다.


 그리고 10년이 지났습니다.
 "박사님. 상당히 많은 사람의 사고방식이 바뀌었군요."
 케리가 말했습니다.
 "그렇군. 살기 편한 좋은 세상이 되었어."
 박사도 만족스러운 듯이 말했습니다.
 "슬슬, 2060년으로 돌아가 보시지 않겠어요? 틀림없이 역사는 바뀌어 있을 거에요."
 케리가 말하자,
 "실은 나도 그걸 생각하고 있었다네. 이제 나도 나이를 먹었어. 어떤 결과가 되어 있을지를 살아 있는 동안에 이 눈으로 봐 두고 싶네."

---

**争**あらそい 싸움, 분쟁　　**参加**さんか 참가　　**良**よい 좋다
**無**なくす 없애다, 잃다　　**単位**たんい 단위　　**満足**まんぞく 만족
**改**あらためる 고치다, 개선하다　　**変**かわる 변하다, 바뀌다　　**結果**けっか 결과

と、ドクターも言いました。
「じゃあ、出発しましょう。ドクター。」
「そうするか。」
こうして、二人はまた二〇六〇年へ出発しました。

「ドクター。二〇六〇年に着きました。**大成功**です。見てください。あの美しい空、美しい海、美しい山を！」
「すばらしい！ ついにやったなあ。ケリー君。地球は**救**われたんだ。」
「そうです。地球は**救**われました。海**底**都市なんてどこにもありません。とうとう、ドクターの研究が地球の**未来**に道を開いたのです。それに……。」
ケリーは、ちょっと言葉につまりました。
「それにどうしたんだ。」
「おじいさんとの**約束**を**果**たすことができました。」
「なるほど、そうだったな。」
ドクターがうれしそうにうなずきました。

---

**果**は たす 완수하다, 이루다

하고, 박사도 말했습니다.
"그럼, 출발하시죠. 박사님."
"그렇게 함세."
이리하여 둘은 다시 2060년으로 출발했습니다.

"박사님. 2060년에 도착했어요. 대성공이에요. 보세요. 저 아름다운 하늘, 아름다운 바다, 아름다운 산을!"
"훌륭하군! 마침내 해냈어. 케리군. 지구는 살아났어."
"맞아요. 지구는 살아났어요. 해저도시 따윈 아무 데도 없어요. 마침내 박사님의 연구가 지구의 미래에 길을 열었어요. 게다가……."
케리는 좀 말문이 막혔습니다.
"게다가 왜 그러나."
"할아버지와의 약속을 다할 수 있었어요."
"정말, 그랬었군."
박사가 기쁜 듯이 고개를 끄떡였습니다.

「ドクター、見てください。もうすぐ春です。」

　ケリーは、ふくらみかけたさくらのつぼみのついたえだをそっと折ってドクターに手わたしました。

　その小さな新芽を見て、二人はにっこりほほえみました。

"박사님, 보세요. 이제 곧 봄이에요."
케리는 부풀어 오른 벚꽃 봉우리가 달린 가지를 살짝 꺾어 박사님에게 건넸습니다.
그 작은 새싹을 보고 두 사람은 방긋 웃었습니다.

折 おる 꺾다, 구부리다   新芽 しんめ 새싹

# 4학년 종합신습한자

**제1장**

世紀 세기
末 끝, 말
各地 각지
自然 자연
南極 남극
戦争 전쟁
競う 다투다, 경쟁하다
兵器 병기, 무기
実験 실험
大量 대량
毒 독
満ちる 가득 차다, 기한이 차다
付く 붙다, 묻다, 생기다
健康 건강
害する 해치다, 방해하다
残る 남다
最後 최후, 마지막
試み 시도
海底 해저
建物 건물

建てる 세우다, 짓다
照る 밝게 빛나다, (해·달이) 비치다
季節 계절
変化 변화
笑い 웃음
労働 노동
失う 잃다, 상실하다
無気力 무기력
胃 위
腸 장
博士 박사
以前 이전
求める 구하다, 요청하다
軍隊 군대
不要 불필요
唱える 외다, 읊다, 외치다
人類 인류
救う 구하다, 돕다
積む 쌓다
完成 완성
喜ぶ 기뻐하다, 즐거워하다

改良 개량
機械 기계
必ず 반드시
連邦 연방
政府 정부
兆 조짐, 징조
軍事費 군사비
願う 바라다, 기원하다
国民 국민
要求 요구
残念 유감
努力 노력
苦労 고생, 수고
成功 성공
結び付く 맺어지다, 결부되다
未来 미래
氏 씨 (남자의 성명 뒤에 붙여 경의를 나타냄)
固い 단단하다
億 억
鏡 거울

白衣 백의, 흰옷
静か 고요함
官僚 관료
大臣 내각의 대신, 장관
反省 반성
利益 이익
政治家 정치가
説得 설득
熱い 뜨겁다, 열정적이다
お祝い 축하, 축의금
浴びる 끼얹다, 뒤집어쓰다
料理 요리
食堂 식당
冷蔵庫 냉장고
塩 소금
焼く 태우다, 굽다
倉庫 창고
置く (물건을) 어디에 두다
一輪 (꽃) 한 송이
共 함께
食器 식기

飛び散る 흩날리다, 튀다
粉 가루
低い 낮다
試す 시험해보다
歴史 역사
変える 바꾸다, 변화시키다
席 자리
直径 직경
包む 싸다, 에워싸다

## 제2장

続ける 계속하다
覚ます (잠을) 깨우다, 깨다, 깨우치다
周囲 주위
停止 정지
観察 관찰
山脈 산맥
連なる 이어지다, 참석하다
英語 영어
小型 소형
飛行機 비행기

着陸 착륙
反対側 반대쪽
貨物 화물
航空 항공
標識 표지
案内 안내
借りる 빌리다
街 거리
海辺 해변, 바닷가
景色 경치
見覚え 전에 본 기억이 있음
郡 군
郵便局 우체국
不思議 불가사의
信じる 믿다, 신뢰하다
孫 손자
関係 관계
老人 노인
辺 근처, 근방
一帯 일대
漁師 어부

| 種類 종류 | 周り 주위 | 夫 남편 |
| 名人芸 명인의 재주[기예] | 突然 갑자기 | 昨年 작년 |
| 養う 양육하다, 기르다 | 飛び出す 뛰어나가(오)다 | 好き 좋아함 |
| 卒業 졸업 | 泣く 울다 | 給料 급료 |
| 漁 고기잡이 | 松林 송림 | 差 차이, 차등 |
| 大漁旗 만선기, 풍어기 | 浅い 얕다, (정도가) 낮다 | 順位 순위 |
| 灯台 등대 | 清流 청류, 맑게 흐르는 물 | 特別 특별 |
| 漁業 어업 | 白菜 배추 | 賞 상 |
| おれ達 우리들 | 梅 매화나무, 매실 | 辞職 사직 |
| 候補者 후보자 | 巣 둥지, 소굴 | 欠勤 결근 |
| 票 표 | 玄関 현관 | 貯金 저금 |
| 選挙 선거 | 表札 표찰, 문패 | 希望 희망 |
| 敗れる (승부에서) 패하다, 지다 | 伝える 전하다, (소식을) 알리다 | 気の毒 딱함, 불쌍함 |
| 別れ 헤어짐, 이별 | 働く 일하다 | 愛する 사랑하다 |
| 告げる 고하다, 알리다 | 初め 처음 | ご飯 밥 |
| 加える 가하다, 늘리다 | 付く 붙다, 묻다, 생기다 | 殺す 죽이다, 억누르다 |
| 笑顔 웃는 얼굴 | 上司 상사 | 仲良く 사이좋게 |
| 印象的 인상적 | 副社長 부사장 | 産業 산업 |

**제3장**

| 不安 불안 | 命令 명령 | 栄える 번영하다, 번창하다 |
| 牧場 목장 | 課長 과장 | 教訓 교훈 |
| | 管理 관리 | 事典 사전 |

印刷物 인쇄물　　教材 교재　　単位 단위
法律 법률　　協力 협력　　変わる 변하다, 바뀌다
事例 사례　　必要 필요　　良い 좋다
記録 기록　　約束 약속　　満足 만족
約 약　　**제3장**　　結果 결과
説明 설명　　争い 싸움, 분쟁　　果たす 완수하다, 이루다
児童 아동　　無くす 없애다, 잃다　　折る 꺾다, 구부리다
生徒 생도, 학생　　改める 고치다, 개선하다　　新芽 새싹
勇気 용기　　参加 참가

## TIP 날씨 관련 일본어 표현

天気予報 てんきよほう 일기예보　　低気圧 ていきあつ 저기압　　稲妻 いなずま 번개
快晴 かいせい 쾌청　　大気 たいき 대기　　霧 きり 안개
晴 はれ 맑음　　気流 きりゅう 기류　　霜 しも 서리
曇 くもり 흐림　　季節 きせつのかわりめ 환절기　　露 つゆ 이슬
雨 あめ 비　　夕暮 ゆうぐれ 황혼　　雹 ひょう 우박
雪 ゆき 눈　　虹 にじ 무지개　　吹雪 ふぶき 눈보라
気候 きこう 기후　　津波 つなみ 해일　　雪崩 なだれ 눈사태
空 そら 하늘　　地震 じしん 지진　　みぞれ 진눈깨비
気温 きおん 기온　　寒気 さむけ 한기　　小雨 こさめ 가랑비
温度 おんど 온도　　洪水 こうずい 홍수　　にわか雨 あめ 소나기=夕立 ゆうだち
湿気 しっき·しっけ 습기　　寒波 かんぱ 한파　　春雨 はるさめ 봄비
湿度 しつど 습도　　日照 ひでり 가뭄　　秋雨 あきさめ 가을비
気圧 きあつ 기압　　梅雨 つゆ 장마
高気圧 こうきあつ 고기압　　雷 かみなり 천둥

# 5학년
### 한자 185자

# ミステリー
# ランド
미스터리 랜드

## 第一章　ミステリーの始まり

　日曜日の朝のことです。

「友喜、もう年賀状書いたの？」

顔を見るなり、お母さんが言いました。

「まだ早すぎるよ。それより、これ、ゴミに出しといて。」

　友喜は、破れかけた布のふくろに包んだカセットデッキをお母さんにわたしながら言いました。

「えっ、もうこわれたの？」

「うん。音が出ないんだ。」

「もったいないわね。まだ使えるでしょう。」

「だめだ。もう限界だよ。」

　友喜は、強い口調で言いました。

　横で朝刊を読んでいたお父さんが、新聞を置いて、

「ちょっと見せてみろ。修理できるかもしれないぞ。」

と、口をはさみました。

---

年賀状 ねんがじょう 연하장　　布 ぬの 직물, 포목　　朝刊 ちょうかん 조간
破 やぶれる 찢어지다, 깨지다　　限界 げんかい 한계　　修理 しゅうり 수리

## 제1장  미스터리의 시작

일요일 아침의 일입니다.

"도모키, 벌써 연하장 썼니?"

얼굴을 보자마자 엄마가 말했습니다.

"아직 너무 빨라. 그것보다 이거, 쓰레기로 내놓아."

도모키는 찢어진 천 주머니에 감싼 카세트 플레이어를 엄마에게 건네면서 말했습니다.

"엣, 벌써 망가졌니?"

"응, 소리가 안 나와."

"아까워 어쩌지. 아직 사용할 수 있잖니."

"못 쓴단 말이야. 이제 한계란 말이야."

도모키는 강한 어조로 말했습니다.

옆에서 조간을 읽고 있던 아버지가 신문을 놓으며,

"잠깐 보여주렴. 수리 가능할지도 몰라."

하고, 끼어들었습니다.

お父さんは**技師**をしていました。だから、**職業**がら、すてる前にまず、**検査**してみることが習慣になっていました。
　お父さんは、デッキを手に取って、たてにしたり横にしたりしながら、
　「ああ、中国製か。」
と**独り**言を言いました。
　「音の出ないカセットデッキなんて、一銭の**価値**もないよ。」
　友喜は**舌打ち**をして、お父さんからデッキを取りもどしました。本当はまだ使えたのですが、こんな旧式のデッキより、もっと新しいのがほしかったのです。
　友喜は、ぶつぶつ文句を言いながらご飯を食べましたが、すぐに、
　「ごちそうさま。」
と言って、**余**ったご飯をみんなタマにやりました。
　タマは、二年前から**飼**っているネコです。はじめはガリガリでしたが、今ではよく**肥**えていました。
　「こんなに残して、もったいない。ますますタマが**肥**えてしまうじゃないの。」
という、お母さんのヒステリックな声と、
　「道**徳**教育が必要なのは**政治家**じゃないか。」
という、お父さんの文句を言う声が聞こえてきました。

아버지는 기술자였습니다. 그래서 직업상 버리기 전에 우선 검사를 해보는 것이 습관이 되어 있었습니다.

아버지는 카세트 플레이어를 손에 들고 세로로 해보기도 가로로 해보기도 하면서,

"아, 중국제군."

하고 혼잣말을 했습니다.

"소리가 안 나는 카세트 플레이어 따위 한 푼의 가치도 없어요."

도모키는 혀를 차며 아버지로부터 플레이어를 되찾았습니다. 실은 아직 사용할 수 있었지만, 이런 구식 플레이어보다 좀 더 새로운 것을 갖고 싶었던 것입니다.

도모키는 투덜투덜 불평을 하면서 밥을 먹었습니다만 바로,

"잘 먹었습니다."

라고 하며, 남은 밥을 모두 타마에게 주었습니다.

타마는 2년 전부터 기르고 있는 고양입니다. 처음엔 빼빼했습니다만 지금은 살이 많이 쪘습니다.

"이렇게 남기고 아까워서 어쩌지. 점점 더 타마가 살이 쪄버리는 거 아니니."

라고 하는 엄마의 히스테릭한 목소리와

"도덕교육이 필요한 건 정치가가 아닌가?"

라고 하는 아버지의 불평하는 소리가 들려왔습니다.

---

技師 ぎし 기사, 기술자
職業 しょくぎょう 직업
検査 けんさ 검사
習慣 しゅうかん 습관
中国製 ちゅうごくせい 중국제
独 ひとり言 ごと 혼잣말

一銭 いっせん 한 푼, 푼돈
価値 かち 가치
舌 した 혀
旧式 きゅうしき 구식
文句 もんく 트집, 불평
余 あまる 남다

飼 かう (동물을) 기르다, 사육하다
肥 こえる 살찌다, (땅이) 비옥해지다
道徳 どうとく 도덕
政治家 せいじか 정치가

つけっぱなしのテレビからは、今日もたくさんの**事件**や**事故**の**情報**を知らせるニュースが流れていました。
　友喜（ともき）は、そんな声を聞きながら、出かける**準備**をしました。朝から親友の英男（ひでお）と待ち合わせをしていたのです。友喜（ともき）は、とりあえず、デッキを台所に置いて、それからお母さんに向かって、
　「**久**しぶりに、ひでぞうと勉強することになっているから、これから出かけるよ。」
と、良い子を**演**じました。
　友喜（ともき）は、いつも英男（ひでお）のことを〈ひでぞう〉とよび、英男（ひでお）は、友喜（ともき）のことを〈ともぞう〉とよんでいました。
　「気をつけてね。」
というお母さんの声に、
　「だいじょうぶ、だいじょうぶ。」
と**適当**な返事をして、**制服**をつかんで家を飛び出しました。
　待ち合わせの場所に、まだ英男（ひでお）の姿（すがた）はありませんでした。辺りをきょろきょろしていると、そばの電柱にはってある二枚（まい）のビラが目にとまりました。〈**貸**間あり〉というビラと〈**夢**の国へご**招待**〉というビラでした。
　そこへ、英男（ひでお）がやって来ました。
　「ごめん、ごめん、おくれてしまった。」
　英男（ひでお）は、すまなそうに言いました。

켜둔 텔레비전에서는 오늘도 많은 사건과 사고 정보를 알리는 뉴스가 흘러나오고 있었습니다.

도모키는 그런 소리를 들으면서 외출할 준비를 했습니다. 아침부터 친구인 히데오와 만나기로 약속을 했던 것입니다. 도모키는 우선 플레이어를 부엌에 놓으며 엄마를 향해,

"오래간만에 히데조와 공부하기로 되어 있으니까 지금부터 나가요."

하고, 착한 애인 척했습니다.

도모키는 언제나 히데오를 '히데조' 라고 부르고, 히데오는 도모키를 '도모조' 라고 부르고 있었습니다.

"조심하거라."

라고 하는 엄마의 소리에

"괜찮아, 괜찮아."

하고 적당한 대답을 하고 제복을 움켜쥐고는 집을 뛰어나갔습니다.

만나기로 한 장소에 아직 히데오의 모습은 없었습니다. 주위를 두리번두리번하고 있자니, 옆 전봇대에 붙어 있는 두 장의 광고지가 눈에 띄었습니다. '셋방 있음' 이라고 하는 광고지와 '꿈의 나라로 초대' 라고 하는 광고지였습니다.

거기에 히데오가 찾아왔습니다.

"미안해, 미안해. 늦고 말았어."

히데오는 미안한 듯이 말했습니다.

---

事件 じけん 사건
事故 じこ 사고
情報 じょうほう 정보
準備 じゅんび 준비

久 ひさしぶり 오래간만
演 えんじる (어떤 행동을) 하다, 연기를 하다
適当 てきとう 적당

制服 せいふく 제복
貸間 かしま 셋방
夢 ゆめ 꿈
招待 しょうたい 초대

「ひでぞう、これを見て。」

友喜は、さっき見ていたビラを指さしました。

「〈貸間あり〉。何だこれ！」

「いや、それじゃない。こっちだよ。」

「〈夢の国へご招待〉？」

英男が興味深そうに言いました。

「地図までついているよ。おもしろそうだろう。行ってみないか。」

「おもしろそうだな。行ってみよう。」

英男も快く賛成しました。

二人は、地図に示された目印をチェックしながら進んで行きました。

「消防署を右に曲がって、春風団地を左。」

「学校の校舎を右へ折れて、税務署の前をまっすぐ。」

二人は地図を読みながら、順序よく進みました。

やがてにぎやかな通りを過ぎて、山道へ入って行きました。

---

興味 きょうみ 흥미
快 こころよく 기분 좋게, 즐겁게
賛成 さんせい 찬성
示 しめす 나타내 보이다, 가리키다

消防署 しょうぼうしょ 소방서
団地 だんち 단지
校舎 こうしゃ 교사, 학교 건물
税務署 ぜいむしょ 세무서

順序 じゅんじょ 순서
過ぎる すぎる 통과하다, 경과하다

"히데조, 이걸 봐."
도모키는 조금 전 봤던 광고지를 손으로 가리켰습니다.
" '셋방 있음' 이건 뭐야!"
"아니, 그것 말고 이쪽이야."
" '꿈의 나라로 초대?' "
히데오가 흥미롭게 말했습니다.
"지도까지 붙어 있어. 재밌을 것 같은데. 가보지 않을래?"
"재밌을 것 같군. 그래, 가 보자."
히데오도 흔쾌히 찬성했습니다.
둘은 지도에 표시된 표적을 체크하면서 나아갔습니다.
"소방서를 오른쪽으로 돌아서 하루카제 단지를 왼쪽으로."
"학교 건물을 오른쪽으로 꺾어, 세무서 앞을 직진."
둘은 지도를 보면서 차례대로 나아갔습니다.
얼마 안 있어 변화한 거리를 지나 산길로 들어갔습니다.

「地図ではここから省略してあるけど、だいたいあと三百メートルくらいで墓地に出るはずだ。」
　友喜は予測して言いました。
　二人が歩いていくと、確かに、ちょうど三百メートルほどで墓地に着きました。
「ともぞうは、地図を読む素質があるね。」
「えへへ、実は、ここにうちの墓があるんだよ。」
　友喜は言うと、先祖の墓の前へ行って、手を合わせました。
　そこから、道が二つに分かれていました。二人は、左の道を行くことにしました。
　道はどんどん険しくなり、とうとう行き止まりになってしまいました。
　そこには、〈立ち入り禁止〉の立て札が立っていました。
「道に迷ったようだね。」
「墓場までもどって逆の道を行ってみようか。」
　友喜が言いました。
「うん、そうしよう。」
　二人は、今度は右の道を行きました。
　しばらく行くと、一軒の家の前に出ました。それは、小屋を改造したようなそまつなものでした。
　友喜は中をのぞきこんで言いました。

"지도에선 여기서부터 생략되어 있는데, 대략 앞으로 3백 미터 정도 가면 묘지가 나올 거야."

도모키는 예측하여 말했습니다.

둘이 걸어가자, 정확히 딱 3백 미터 정도에 묘지가 나왔습니다.

"도모조는 지도를 보는 소질이 있는데."

"에헤헤, 실은 여기에 우리 집 무덤이 있어."

도모키는 말하면서, 조상 묘 앞에 가서 손을 모았습니다.

거기에서 길이 둘로 나누어져 있었습니다. 둘은 왼쪽 길을 가기로 했습니다.

길은 점점 험난해져 마침내 막다른 곳이 되고 말았습니다.

거기에는 '출입금지' 팻말이 서 있었습니다.

"길을 잃은 것 같아."

"무덤까지 돌아가 반대 길로 가 볼까?"

도모키가 말했습니다.

"응, 그렇게 하자."

둘은 이번에는 오른쪽 길을 갔습니다.

잠시 가니, 한 채의 집 앞에 이르렀습니다. 그건 오두막집을 개조한 듯한 변변치 못한 것이었습니다.

도모키는 안을 들여다보며 말했습니다.

---

省略 しょうりゃく 생략
墓地 ぼち 묘지
予測 よそく 예측
確 たし か 확실함, 정확함

素質 そしつ 소질
墓 はか 묘
先祖 せんぞ 선조, 조상
険 けわ しい 험하다, 위태롭다

禁止 きんし 금지
迷 まよ う 길을 잃다, 헤매다, 망설이다
逆 ぎゃく 반대, 거꾸로임
改造 かいぞう 개조

「これでも一応住居のようだ。米俵が一俵あるよ。」

「それに、ほら、畑もちゃんと耕してあるし、木の燃えかすもある。」

「こんな所にだれが住んでいるんだろう。」

「きっと何かの事情で、ここへ移って来たんだよ。」

友喜が大人のような口ぶりで言いました。

「仮にそうだとしても、この様子じゃあ、相当貧しいくらしだね。」

「妻も子もいない一人ぐらしだろうな。」

またまた友喜が大人ぶって言いました。

「もしかすると、何か罪を犯して、ここにかくれて住んでいるのかも……。」

英男が声を低くして言いました。

「確かにその可能性も……。」

友喜がこう言いかけた時、ガサッという音がしました。

二人は、びっくりしてかけ出しました。後ろをふり返ることもなく走りました。

---

一応 いちおう 일단, 우선은
住居 じゅうきょ 주거
米俵 こめだわら 쌀섬
一俵 いっぴょう 한 섬
耕 たがやす 경작하다
燃 もえる (불)타다, 피어오르다
事情 じじょう 사정
移 うつる 옮기다, 이동하다, 변하다
仮 かりに 가령, 만일, 임시로
貧 まずしい 가난하다, 부족하다

빈약하다
妻 つま 아내, 처
罪 つみ 죄
犯 おかす 어기다, 범하다
可能性 かのうせい 가능성

"이래도 우선 집 같은데. 쌀 섬이 한 가마니 있어."
"게다가 이봐, 밭도 제대로 경작되어 있고, 나무 재도 있어."
"이런 곳에 누가 살고 있을까?"
"틀림없이 무슨 사정으로 여기에 옮겨 왔을 거야."
도모키가 어른스런 말투로 말했습니다.
"만약 그렇다 치더라도 이 형편을 봐선 상당히 가난한 생활이군."
"아내도 아이도 없는 독신생활일 거야."
또 도모키가 어른스럽게 말했습니다.
"어쩌면 뭔가 죄를 저질러 여기에 숨어 살고 있는 것일지도……."
히데오가 소리를 낮춰 말했습니다.
"분명히 그럴 가능성도……."
도모키가 이렇게 말을 걸었을 때 바삭거리는 소리가 났습니다.
둘은 깜짝 놀라 뛰어나갔습니다. 뒤를 돌아다보지도 않고 달렸습니다.

どれほど走ったでしょうか。

「ちょっと待って！」

英男（ひでお）の苦しそうな声で友喜（ともき）は足を止めました。

「もうだめだ。**酸欠状態**だ。」

英男（ひでお）が言うと、

「ああ、おどろいた。でも、ここまで来ればもうだいじょうぶだ。」

友喜（ともき）も息を切らしながら、**額**のあせをふきました。

二人は、**桜**の木の下でひと休みしてから、**再び**歩き出しました。**雑木林**の中の道は、木の**枝**がからんで、二人の行く手をふさいでいました。

「ともぞう。もう引き返そうよ。」

と、英男（ひでお）がちょっとためらいがちに言いました。

「せっかくここまで来たんだから、最後までつきとめようよ。」

「そう言うと思ったよ。お前は、一度決めたことは最後までやり通さないと気がすまない**性格**だからな。本当に意**志**が強いんだから。」

英男（ひでお）は、あきらめて友喜（ともき）の後に続きました。

**雑木林**の道を一キロ**程**行くと、少し広い道に出ました。もう一度、地図で**現在**地を**確**かめました。

「おい、これ近道だったようだ。」

얼마나 달렸을까요?

"잠깐 기다려!"

히데오가 괴로운 듯한 소리를 내서 도모키는 발길을 멈췄습니다.

"더 이상 안 되겠어. 산소 결핍 상태야."

히데오가 말하자,

"아, 놀랐잖아. 하지만 여기까지 왔으니 이제 괜찮아."

도모키도 숨이 끊어지듯 헐떡이면서 이마의 땀을 닦았습니다.

둘은 벚나무 아래에서 잠시 쉰 후, 다시 걷기 시작했습니다. 잡목림 속의 길은 나뭇가지가 얽혀 둘의 앞길을 가로막고 있었습니다.

"도모조. 이제 돌아가자."

하고, 히데오가 잠시 주저하며 말했습니다.

"모처럼 여기까지 왔으니 끝까지 밝혀내자."

"그렇게 말할 거로 생각했어. 넌 한 번 결심한 것은 끝까지 해야만 직성이 풀리는 성격인데다 정말로 의지가 강하니까."

히데오는 단념하며 도모키 뒤를 따라갔습니다.

잡목림 길을 1킬로 정도 가자 조금 넓은 길이 나왔습니다. 다시 한 번 지도로 현 위치를 확인했습니다.

"이봐, 이 길 지름길이었던 것 같아."

---

酸欠状態 さんけつじょうたい 산소 결핍 상태
額 ひたい 이마
桜 さくら 벚꽃

再 ふたたび 다시, 재차
雑木林 ぞうきばやし 잡목림
枝 えだ 가지
性格 せいかく 성격

意志 いし 의지
程 ほど 정도
現在地 げんざいち 현 위치

友喜がうれしそうに言いました。

「そうか。ぼくたちの**判断**はまちがっていなかったんだ。」

「〈**災**い転じて福と成す〉だな。それにしてもおなかがすいた。**弁**当でも持ってくればよかった。」

「パンなら一つあるよ。」

英男はポケットからパンを一つ出して、**均**等に分けました。

二人はパンをほおばりながら、**勢**いを**増**して歩き出しました。

## 第二章 〈夢の国〉への入り口

やがて二人は、古い**鉱**山の坑道の入り口につき当たりました。

「いつか、おじいちゃんから聞いたことがあるよ。この山は**鉱**山だったって。」

英男が言いました

「うん。**確**か**総**合の**授**業でも、昔ここで**銅**がよく**採**れていたと習ったような気がする。」

友喜も言いました。

その時、

「あっ、あった！」

と、英男が声を**張**り上げました。

「何！ 何があったんだ？」

도모키가 기쁜 듯이 말했습니다.

"그래. 우리들의 판단은 틀리지 않았어."

" '전화위복' 이야. 그건 그렇고 배고프다. 도시락이라도 가지고 오면 좋았을 텐데."

"빵이라면 하나 있어."

히데오는 주머니에서 빵을 하나 꺼내 똑같이 나눴습니다.

둘은 빵을 입에 가득 물고는 힘차게 걷기 시작했습니다.

## 제2장 '꿈의 나라' 에의 입구

얼마 안 되어 둘은 낡은 광산 갱도 입구에 막 다다랐습니다.

"언젠가 할아버지한테서 들은 적이 있어. 이 산은 광산이었대."

히데오가 말했습니다.

"응, 분명히 종합 수업에서도 옛날 여기에서 동이 잘 채굴 되었다고 배운 듯한 느낌이 들어."

도모키도 말했습니다.

그때,

"아, 있어!"

하고, 히데오가 소리를 질렀습니다.

"뭐! 뭐가 있다는 거야?"

---

**判断** はんだん 판단
**災** わざわい 재난, 재앙
**弁当** べんとう 도시락
**均等** きんとう 균등
**勢** いきおい 기세, 힘, 기운

**増**ます 많아지다, 늘다, 더하다
**鉱山** こうざん 광산
**総合** そうごう 종합
**授業** じゅぎょう 수업
**銅** とう 동

**採**とれる 채굴되다
**張**はり**上**あげる 소리를 지르다, 외치다

「あれ、ほら、〈夢の国〉だよ。」

友喜が、じっと目をこらして見ると、坑道の入り口に小さな金属の立て札が立っていました。

「〈夢の国へようこそ〉。これが夢の国の入り口だ。」

「どうする。入ってみるかい。」

「もちろんだ。」

友喜は目をかがやかせて言いました。

いつの間にか、晴れていた空は厚い雲でおおわれ、ぽつぽつ雨がふってきました。二人は雨をよけるようにして、あなへ入って行きました。

二人があなへ入るとすぐに、

「わあ、出た！」

前を歩いていた友喜がさけびました。

何かが二人の周りを飛び回ったのです。

「わあ、助けて！」

英男もさけびました。

「だいじょうぶ。コウモリの群れだ。」

友喜は、落ち着きをとりもどして言いました。

二人は、まるでコウモリに導かれてでもいるかのように、真っ暗な中を進んでいきました。

"어, 이봐 '꿈의 나라'야."

도모키가 지그시 바라보자, 갱도의 입구에 작은 금속 팻말이 서 있었습니다.

"'꿈의 나라에 오신 걸 환영합니다.' 이게 꿈의 나라 입구야."

"어떻게 할래? 들어가 볼 거니."

"물론이야."

도모키는 눈을 반짝이며 말했습니다.

어느샌가 개어 있던 하늘은 두꺼운 구름으로 뒤덮여 조금씩 비가 내렸습니다. 둘은 비를 피하듯이 동굴로 들어갔습니다.

둘이 동굴로 들어가자 바로

"와, 나왔어!"

앞을 걷던 도모키가 외쳤습니다.

뭔가가 두 사람의 주위를 돌아다녔던 것입니다.

"와! 살려줘!"

히데오도 외쳤습니다.

"괜찮아. 박쥐 무리야."

도모키는 안정을 되찾으며 말했습니다.

들은 마치 박쥐에게 이끌리기라도 하는 것처럼 아주 컴컴한 동굴 안을 헤쳐 나아갔습니다.

---

**金属** きんぞく 금속    **群** むれ 무리    **導** みちびく 안내하다, 인도하다
**厚** あつい 두껍다

「あっ、いたい！」
友喜が岩に頭をぶつけました。
「だんだん、あなが小さくなっていくぞ。」
友喜が言いました。
二人は、こしをかがめた**姿勢**を**保**って進んで行きました。

そのうち、向こうの方がぼんやりと明るく見えてきました。進むにつれて、だんだん明るさは**増**していき、あなの両側もぼんやり見える**程**になりました。

気をつけて見ると、両側に小さな人形のようなものがいくつも立っています。
「おい、これ**仏像**じゃあないか？」
友喜が言いました。
「本当だ。石をほった**仏像**だ。」
「なんだか気味が悪いなあ。」
「こわいよ。やっぱり引き返そうよ。」
と、英男が友喜の服を引っぱりました。

---

姿勢 しせい 자세　　　保 たもつ 유지하다　　　仏像 ぶつぞう 불상

"아이고, 아파라!"

도모키가 바위에 머리를 부딪쳤습니다.

"점점, 동굴이 작아져 가네."

도모키가 말했습니다.

둘은 허리를 굽힌 자세를 유지한 채 나아갔습니다.

멀지 않아 맞은편 쪽이 어렴풋이 밝게 보였습니다. 나아감에 따라 점점 밝기는 더해져 가서 동굴의 양쪽 다 어렴풋이 보일 정도가 되었습니다.

조심해서 살펴보니, 양쪽에 작은 인형과 같은 것이 몇 개나 서 있습니다.

"이봐, 이거 불상이잖아?"

도모키가 말했습니다.

"정말. 돌로 조각한 불상이네."

"왠지 기분이 나빠."

"무서워 죽겠어. 역시 돌아가자."

하고, 히데오가 도모키의 옷을 끌어당겼습니다.

友喜(ともき)もこわいのですが、その気持ちとは逆に、体は前へ前へと進んで行きます。英男(ひでお)もつられるようにその後に続きます。

「わあ、何だあれは！」

　突然(とつ)、友喜(ともき)がさけびました。

「わあ、すごい！」

　二人の目の前に、小さな光の点が広がっていたのです。それはまるで夜空の銀河を見ているようでした。

「きっとあれが、〈夢の国〉だよ。」

「うん、まちがいない。」

　友喜(ともき)は声をはずませました。

　と、その時です。二人は真っ白な雲に包まれてしまいました。

「わあ、どうしたんだ！」

　次の瞬(しゅん)間、体を何かで引っぱられるような感じがしました。

「ああ、気分が悪い。」

「何だか体がへんだ。」

　二人とも顔をゆがめました。

　しばらくすると、すうっと雲が消えて行きました。

　気が付くと、目の前に巨(きょ)大な空間が広がっていました。

「あんな小さなあなが、急に広くなった。」

도모키도 무섭지만, 그 마음과는 반대로 몸은 앞으로 앞으로 나아갑니다. 히데오도 이끌리듯 그 뒤를 따라갑니다.

"와, 저건 뭐야!"

갑자기 도모키가 외쳤습니다.

"와, 굉장한걸!"

둘의 눈앞에 작은 빛의 점이 넓어지고 있었던 것입니다. 그건 마치 밤하늘의 은하를 보고 있는 것 같았습니다.

"틀림없이 저게 '꿈의 나라'야."

"응, 틀림없어."

도모키는 목소리가 들떴습니다.

하고, 그때입니다. 둘은 새하얀 구름에 휩싸이고 말았습니다.

"와, 어찌 된 일이지!"

다음 순간 몸이 뭔가에 끌려가는 듯한 느낌이 들었습니다.

"아, 속이 안 좋아."

"왠지 몸이 이상해."

둘 다 얼굴을 일그러뜨렸습니다.

잠시 후, 쓱 구름이 사라져 갔습니다.

정신을 차려보니 눈앞에 거대한 공간이 펼쳐져 있었습니다.

"저런 작은 동굴이 갑자기 넓어졌어."

---

銀河 ぎんが 은하

英男がおどろいたように言いました。天じょうが見えないほどの高さになっていたのです。
「おどろいたなあ。あんな小さなあながこんな大きなあなに通じていたなんて。」
　友喜も信じられないといった顔で言いました。
　しかし、おどろくのはまだ早かったのです。次の角を曲がって、二人は目を丸くしました。それもそのはずです。そこには、新幹線が止まっていたのです。見ると、行き先が〈夢の国〉となっていました。
「ここは駅の構内だ。この列車は、さっき銀河のように見えた〈夢の国〉へ行くんだよ。」
　友喜が言いました。
　二人は、入り口にあった券売機で、百円の往復乗車券を買って列車に乗りました。すぐに列車は走り出しました。
「だれも乗っていないね。」
　英男が不安そうに言いました。
「ここまで来たら、もう引き返せないよ。それにたった百円で新幹線に乗れるなんて最高だ。」
　友喜は、うれしそうに言いました。

히데오가 놀란 듯이 말했습니다. 천장이 보이지 않을 정도의 높이로 되어 있었던 것입니다.

"놀랍군. 저런 작은 동굴이 이런 큰 동굴로 이어져 있다니."

도모키도 믿을 수 없다는 얼굴로 말했습니다.

그러나 놀라는 건 아직 일렀습니다. 다음의 모퉁이를 돌아서자 둘은 눈을 휘둥그렇게 떴습니다. 그것도 그럴 터입니다. 거기엔 신칸센이 멈춰 있었던 것입니다. 보니 행선지가 '꿈의 나라'로 되어 있었습니다.

"여긴 역 구내야. 이 열차는 조금 전 은하처럼 보였던 '꿈의 나라'로 가는 거야."

도모키가 말했습니다.

둘은 입구에 있던 매표기에서 백 엔짜리 왕복승차권을 사서 열차를 탔습니다. 곧 열차는 달리기 시작했습니다.

"아무도 안 탔네."

히데오가 불안한 듯이 말했습니다.

"여기까지 오면 더 이상 되돌릴 수 없어. 게다가 단돈 백 엔으로 신칸센을 탈 수 있다니 끝내주잖아."

도모키는 기쁜 듯이 말했습니다.

---

**新幹線** しんかんせん 신칸센   **券売機** けんばいき 매표기   **乗車券** じょうしゃけん 승차권
**構内** こうない 구내         **往復** おうふく 왕복

# 第三章　これが〈夢の国〉

　五分ほど暗やみの中を走って、列車は止まりました。
「こんな所に、もう一つの世界があったんだ。」
　友喜がおどろいたように言いました。
「それにしても、**夢**のようだな。」
　英男も不思議そうに言いました。
　二人が駅の**構**内から出ると、一人の紳士がにこにこしながら近寄って来ました。
「こんにちは。〈夢の国〉へようこそ。わたしは、スズキと言います。初めてここへいらっしゃった人への案内係をしています。」
「ぼくは、友喜です。」
「ぼくは、英男です。二人とも五年生です。」
　二人は、おそるおそる名前を告げました。
「**質**問があるんですけど、いいですか。」
　友喜が言いました。
「どうぞ、どうぞ、何でも聞いてください。わたしは、あなた方の心の**支**えになるために仕事をしているのですから。」
「この国にとても**興**味があるんだけど、ちゃんと家へ帰れるか不安です。帰りたくなったら、帰れますか？」

## 제3장  이게 '꿈의 나라'

5분 정도 어둠 속을 달리다 열차는 멈췄습니다.

"이런 곳에 또 하나의 세계가 있었네."

도모키가 놀란 듯이 말했습니다.

"그건 그렇고, 꿈만 같아."

히데오도 이상한 듯이 말했습니다.

둘이 역 구내에서 나오자 한 신사가 싱글벙글하면서 다가왔습니다.

"안녕하세요. '꿈의 나라'에 오신 걸 환영합니다. 전 스즈키라고 해요. 처음 여기에 오신 사람에 대한 안내 담당을 맡고 있어요.

"전 도모키에요."

"전 히데오에요. 둘 다 5학년이에요."

둘은 조심조심 이름을 말했습니다.

"질문이 있는데 괜찮나요."

도모키가 말했습니다.

"사양 말고 뭐든지 물어보세요. 전 당신들의 마음의 지주가 되기 위해 일을 하고 있으니까요."

"이 나라에 흥미가 많이 있지만, 제대로 집에 돌아갈 수 있을지 불안해요. 돌아가고 싶으면 돌아갈 수 있나요?"

---

近寄 ちかよる 다가가다, 접근하다    質問 しつもん 질문    支 ささえ 받침, 버팀, 지주

「もちろん、それは**絶対**だいじょうぶです。この国に**適応**できそうになければ、お帰りになることもできます。じゃあ、一日体験コースにしましょう。」

「一日体験コースって、どういうことですか？」

今度は、英男（ひでお）がたずねました。

「ここでの生活をいろいろと**経験**してもらって、ここに**留**まって**永住**するか、それともあちらへもどるかをご自分で**判断**してもらうというコースです。何も心配することはありません。」

「ああ、よかった。それで安心しました。」

英男（ひでお）はほっとした**表情**で言いました。

「お金はいらないんですか？」

友喜（ともき）がたずねました。

「もちろん無料です。では、とにかく町を歩いてみましょう。歩きながら、この国についてわたしがくわしく説明いたします。」

二人は、スズキさんに、すっかり心を**許**していました。それは、スズキさんがとてもやさしそうだったし、どこか**担任**（たんにん）の先生にも**似**ていたからです。

---

**絶対** ぜったい 절대
**適応** てきおう 적응
**経験** けいけん 경험

**留** とどまる 머무르다, 그치다
**永住** えいじゅう 영주
**表情** ひょうじょう 표정

**許** ゆるす 허가하다, 허용하다
**担任** たんにん 담임
**似** にる 닮다, 비슷하다

"물론이죠. 그건 절대로 걱정하실 필요가 없답니다. 이 나라에 적응하지 못할 것 같으면 돌아가실 수도 있습니다. 그럼, 하루 체험코스로 하죠."

"하루 체험코스란 어떤 것인가요?"

이번엔 히데오가 물었습니다.

"여기에서의 생활을 여러모로 경험하여 여기에 머물러 영주할지 아니면 저쪽으로 돌아갈지를 스스로 판단하는 코스에요. 아무것도 걱정할 필요는 없어요."

"아, 다행이다. 그걸로 안심했어요."

히데오는 안도하는 표정으로 말했습니다.

"돈은 필요 없나요?"

도모키가 물었습니다.

"물론 무료에요. 그럼, 우선 시내를 걸어보죠. 걸으면서 이 나라에 대해 제가 자세히 설명해 드릴게요."

둘은 스즈키 씨에게 완전히 마음을 허락하고 있었습니다. 그건 스즈키 씨가 매우 상냥해 보였고, 어딘지 담임선생님과도 닮았기 때문입니다.

二人は、辺りをきょろきょろしながら歩きました。自分の国と**比**べて、すれちがう人や買い物をしている**主婦**たちの顔が生き生きしているような感じがしました。

「スズキさん。ここの人はみんな生き生きしているような気がするんですけど。」

　友喜(ともき)が口を開きました。

「あはははは。気が付きましたか。そうなんです。この国の人はみんな生き生きしています。**原因**ははっきりしているんです。」

「どんなわけがあるんですか？」

「みんな**豊**かだからですよ。」

「えっ。心が**豊**かだということですか？」

「もちろん、**精神的な豊**かさもですが、お金の面でも**豊**かなのです。国民はみんな、どんどん**預金を増**やし、**財産**をたくわえています。」

「なぜですか？」

「いろいろと**複数の条件**がそろっているからです。」

「**条件**って？」

「この国は、食料も**資**源(げん)も**豊富**なのです。それに、自然**災害**もありません。」

「あの、実は、ぼくたちパンしか食べてなくておなかがすいたんですけど…。」

둘은 주위를 두리번두리번하면서 걸었습니다. 자기 나라와 비교해서 스쳐 지나가는 사람이나 쇼핑을 하고 있는 주부들의 얼굴이 생기가 넘치는 듯한 느낌이 들었습니다.

"스즈키 씨. 여기 사람은 모두 생기가 넘치는 듯한 느낌이 드는데."

도모키가 입을 열었습니다.

"아하하. 눈치채셨나요? 맞아요. 이 나라 사람은 모두 생기가 넘치고 있어요. 원인은 확실해요."

"어떤 이유가 있나요?"

"모두 풍요롭기 때문이에요."

"엣. 마음이 여유롭다는 건가요?"

"물론 정신적인 풍요로움도 있지만, 금전 면에서도 풍요로워요. 모든 국민은 계속 예금을 늘려 재산을 저축하고 있어요."

"왜인가요?"

"여러모로 복수의 조건이 갖추어져 있기 때문이에요."

"조건이라니요?"

"이 나라는 식료도 자원도 풍부해요. 게다가 자연재해도 없고요."

"저, 실은 저희들 빵밖에 먹지 못해 배가 고픈데요."

---

比 くらべる 비교하다, 겨루다
主婦 しゅふ 주부
原因 げんいん 원인
豊 ゆたか 풍족함, 풍부함

精神 せいしん 정신
預金 よきん 예금
財産 さいさん 재산
複数 ふくすう 복수

条件 じょうけん 조건
資源 しげん 자원
豊富 ほうふ 풍부
災害 さいがい 재해

英男は、食べ物の話になって、がまんできなくなりました。

「承知しました。あそこに国営レストランがございます。あそこで食事をしながら、もう少しくわしくお話しましょう。」

「でも、ぼくたちあまりお金を持っていないんです。」

「だいじょうぶ。とても安いですから。」

　スズキさんは、こう言って、二人をレストランへ連れて行きました。

　三人は、ランチを注文して食べました。

　スズキさんは、食事をしながら、さらに講話を続けました。

「この国には、どの町にも資源を保護する組織があります。技術者たちは、それぞれの町に設けられた研究所で、資源を効率よく使う方法を研究しています。国民もみんな、ものを大切にするというこの考え方を基本にして生活しています。規則というわけではありませんが、ものを大切にするのは、個人の責任であり、国民の義務だと考えています。そして、これがこの国の常識になっているのです。」

　スズキさんは、こう言ってお茶を飲みました。

「さあ、出ましょう。これをレジに提出してください。」

「何ですか、このカードは？」

히데오는 먹는 이야기를 하자 참을 수 없게 되었습니다.

"알겠습니다. 저기에 국영 레스토랑이 있으니 저기에서 식사를 하면서 좀 더 상세히 말씀드리도록 하죠."

"하지만 저희들 별로 가진 돈이 없는데요."

"괜찮아요. 아주 싸니까."

스즈키 씨는 이렇게 말하며 둘을 레스토랑에 데려갔습니다.

셋은 점심을 주문하여 먹었습니다.

스즈키 씨는 식사를 하면서 이야기를 계속했습니다.

"이 나라엔 어느 마을에나 자원을 보호하는 조직이 있어요. 기술자들은 각 마을에 마련된 연구소에서 자원을 효율 있게 사용하는 방법을 연구하고 있어요. 모든 국민도 물건을 소중히 한다는 이 사고방식을 기본으로 하여 생활하고 있고요. 규칙은 아니지만 물건을 소중히 하는 것은 개인의 책임이며, 국민의 의무라고 생각하고 있어요. 그리고 이게 이 나라의 상식이 되어 있지요."

스즈키 씨는 이렇게 말하며 차를 마셨습니다.

"자, 나갑시다. 이걸 계산원에게 제출해 주세요."

"뭐에요, 이 카드는?"

---

承知 しょうち 알고 있음, 승낙함
国営 こくえい 국영
講話 こうわ 강화 (쉽게 풀어서 이야기함)
保護 ほご 보호
組織 そしき 조직

技術者 ぎじゅつしゃ 기술자
設 もうける 마련하다, 설치하다
効率 こうりつ 효율
基本 きほん 기본
規則 きそく 규칙
個人 こじん 개인

責任 せきにん 책임
義務 ぎむ 의무
常識 じょうしき 상식
提出 ていしゅつ 제출

英男(ひでお)がたずねると、

「これは、小学生ということを証明するカードです。これを出せば、半額になります。全国統一のカードです。」

二人は、レジで二十円はらって店を出ました。

「安くておいしかった。それにとても清潔な感じのレストランだったね。」

友喜(ともき)はこのレストランを高く評価しました。

「そうです。非常に業績を上げています。前の店長が引退して、責任者が代わってから、これまで以上に接客態度が良くなったと評判です。」

「でも、こんなに安くて利益が上がるんですか？」

「材料を安く輸入するなど、この国の貿易がうまくいっているからだいじょうぶです。それに、あなたの国では、増税されることはあっても減税されることはほとんどないでしょう。でも、この国では、毎年、減税されているのです。」

「でも、一つよく理解できないことがあるのですが。」

友喜(ともき)が言いました。

「何ですか？」

「資源を効率よく使う方法ってどんな方法ですか？」

スズキさんは、ちょっとこまった顔をしてから言いました。

히데오가 묻자,

"이건 초등학생이라는 것을 증명하는 카드예요. 이것을 내면, 50% 할인이 돼요. 전국 통일 카드예요."

둘은 계산원에게 20엔을 내고 가게를 나왔습니다.

"싸고 맛있었어. 게다가 매우 청결한 느낌의 레스토랑이었어."

도모키는 이 레스토랑을 높게 평가했습니다.

"맞아요. 대단한 업적을 올리고 있어요. 전에 있던 점장이 은퇴하고 책임자가 바뀌고 나서, 지금 이상으로 접객 태도가 좋아졌다고 평판이 자자해요."

"하지만 이렇게 싼데 이익이 오르나요?"

"재료를 싸게 수입하는 등 이 나라의 무역이 잘되고 있으니까 괜찮아요. 게다가 당신의 나라에선 증세되는 일은 있어도 감세되는 일은 거의 없잖아요. 하지만 이 나라에선 매년 감세되고 있어요."

"하지만 한 가지 잘 이해가 안 되는 점이 있는데요."

도모키가 말했습니다.

"뭐죠?"

"자원을 효율 있게 사용하는 방법이란 어떤 방법인가요?"

스즈키 씨는 잠시 난처한 얼굴을 한 뒤 말했습니다.

---

証明 しょうめい 증명
半額 はんがく 반액
統一 とういつ 통일
清潔 せいけつ 청결
評価 ひょうか 평가
非常 ひじょう 비상

業績 ぎょうせき 업적
引退 いんたい 은퇴
責任 せきにん 책임
接客 せっきゃく 접객
評判 ひょうばん 평판
利益 りえき 이익

輸入 ゆにゅう 수입
貿易 ぼうえき 무역
増税 ぞうぜい 증세
減税 げんぜい 감세
理解 りかい 이해

「実は、人間を小型にする薬を開発したのです。」

「えっ！ 人間を小型にする！」

「そうです。あなた方は今、約三十分の一の大きさになっています。」

「えっ！ 何ですって！ じゃあ、五センチもないってことですか？ そう言えば、あの雲の所で気分が悪くなった時……。」

「その通り。あの雲には人間を小さくする**液**が**混**じっているのです。だからあそこが、あなた方の国とこの国の**境**、つまり**国境**だということです。」

二人は、これを聞いてがくがくふるえました。

「あっ！ あの時、天じょうが高くなったと思ったのは、ぼくたちが小さくなっていたからか。」

「その通りです。あなた方が小さくなったからあなが大きくなったように見えたのです。」

「そうか、人間が小さくなれば、**領**土が少なくても、**資源**が少なくても**豊**かにくらせるわけだ。」

「そうです。それに、小さくなれば、**敵**を**武力**で**制圧**したり、**武力**で**防衛**したりするというような考え方はしなくなります。そして社会から**暴力**もなくなるのです。」

「ぼくたちは、もう元の大きさにもどれないんですか。」

<ruby>英男<rt>ひでお</rt></ruby>が泣きそうな声でたずねました。

"실은 인간을 소형으로 만드는 약을 개발했어요."

"엣! 인간을 소형으로 만든다고요!"

"맞아요. 당신들은 지금 약 30분의 1의 크기로 되어 있어요."

"엣! 뭐라고요! 그럼, 5센티도 안 된다는 건가요? 그러고 보니, 저 구름 있는 곳에서 속이 안 좋아졌을 때……."

"맞아요. 저 구름에는 인간을 작게 하는 액이 섞여 있어요. 그래서 저기가 당신들 나라와 이 나라의 경계, 즉 국경인 셈이죠."

둘은 이 이야기를 듣고 오들오들 떨렸습니다.

"앗! 그때 천장이 높아졌다고 생각한 건 저희들이 작아졌기 때문인가요?"

"맞아요. 당신들이 작아졌기 때문에 동굴이 커진 것처럼 보인 거에요."

"그렇군. 인간이 작아지면 영토가 적어도 자원이 적어도 풍요롭게 지낼 수 있는 거군."

"맞아요. 게다가 작아지면 적을 무력으로 제압하거나 무력으로 방위하거나 하는 듯한 사고방식은 하지 않게 되지요. 그리고 사회에서 폭력도 사라지게 돼요."

"저희들은 이제 원래 크기로 돌아갈 수 없나요?"

히데오가 울 듯한 목소리로 물었습니다.

---

液 えき 액, 액체
混 まじる 섞이다
境 さかい 경계, 갈림길
国境 こっきょう 국경

領土 りょうど 영토
敵 てき 적
武力 ぶりょく 무력
制圧 せいあつ 제압

防衛 ぼうえい 방위
暴力 ぼうりょく 폭력

「いや、いや、だいじょうぶです。もう一度あの雲の中に入れば、ちゃんと元にもどれますからご心配なく。」

スズキさんは、にこにこして言いました。

「ああよかった。スズキさん、**感謝**します。この**恩**は一生わすれません。」

英男(ひでお)は手を合わせておがむようなかっこうをしました。

「あはははは。わたしに礼を言うことはありません。おみやげにこの本を差し上げます。わたしが**編**集した本ですが、なかなか良い内**容**ですよ。」

スズキさんは、こう言って、二人に一さつずつ本を手わたしました。

それは、『夢の国の**築**き方』(夢の国出版)という本でした。

「この本には、どうしたらみんなが幸せに生きられるかということ**が述**べてあります。ぜひ読んでみてください。決して読んで**損**をする本ではありません。」

スズキさんは、二人の**肩**(かた)をたたきながら言いました。

「それではこれで、一日体験コースを終わります。ありがとうございました。さようなら、お元気で。」

スズキさんは、こう言って、立ち去って行きました。

二人は何だか**夢**を見ているような気分で、また、新**幹**線に乗り、**再**びあなをぬけてもどって来ました。

"아니, 아니, 괜찮아요. 다시 한 번 저 구름 속으로 들어가면 틀림없이 원래대로 돌아갈 수 있으니까 걱정하지 마세요."

스즈키 씨는 싱글벙글하며 말했습니다.

"아, 다행이다. 스즈키 씨 감사해요. 이 은혜는 평생 잊지 않겠어요."

히데오는 손을 모아 합장하는 듯한 모습을 취했습니다.

"아하하, 저에게 인사를 할 필요는 없어요. 선물로 이 책을 드릴게요. 제가 편집한 책인데 상당히 좋은 내용이에요."

스즈키 씨는 이렇게 말하며 둘에게 한 권씩 책을 건넸습니다.

그건 『꿈의 나라를 구축하는 법』 (꿈의 나라 출판)이라는 책이었습니다.

"이 책에는 어떻게 하면 모두가 행복하게 살아갈 수 있을까라는 내용이 서술되어 있어요. 꼭 읽어 봐 주세요. 결코 읽고 손해를 볼 책은 아니에요."

스즈키 씨는 둘의 어깨를 두드리면서 말했습니다.

"그럼 이것으로 하루 체험코스를 마치겠어요. 고마웠어요. 잘 가세요, 건강하시고요."

스즈키 씨는 이렇게 말하며 물러갔습니다.

둘은 왠지 꿈을 꾸고 있는 듯한 기분으로, 다시 신칸센을 타고 동굴을 빠져나와 돌아왔습니다.

---

**感謝** かんしゃ 감사
**恩** おん 은혜
**編集** へんしゅう 편집
**内容** ないよう 내용
**築** きずく 쌓다, 구축하다
**出版** しゅっぱん 출판
**述** のべる 말하다, 기술하다
**損** そん 손해

「ただいま！」

「あら、お帰り。おそかったわね。」

お母さんがいつも通りむかえてくれました。

「お母さん、ぼくの体、朝と同じ大きさかな？」

「えっ！ど、どういうこと？ 当たり前でしょう。頭だいじょうぶ？」

お母さんは目を丸くして友喜(ともき)を見つめました。

友喜(ともき)は、そんなお母さんの心配など眼中に無いといった様子で、台所へ急ぎました。

それから、まだテーブルの上にあったカセットデッキをつかんで、いそいそと二階の自分の部屋へ上がりました。そして、窓際(まどぎわ)のいすにすわって、好きな音楽をかけました。

外を見ると、綿のような雪がちらちらふってきました。

「ああ、いい音だなあ。」

友喜(ともき)は、静かにつぶやきながら、もらってきた本を開きました。

---

眼中 がんちゅう 안중　　　窓際 まどぎわ 창가　　　綿 わた 목화, 솜

"다녀왔습니다!"

"어머, 어서 오렴. 늦었구나."

엄마가 평소 그대로 맞이해 주었습니다.

"엄마, 제 몸, 아침과 같은 크기인가요?"

"엣! 무, 무슨 말이니? 당연하잖아. 머리 괜찮은 거니?"

엄마는 눈을 휘둥그렇게 뜨며 도모키를 바라봤습니다.

도모키는 그런 엄마의 걱정은 안중에 없다는 듯 부엌으로 서둘렀습니다.

그리고 아직 테이블 위에 있던 카세트 플레이어를 움켜쥐곤 부랴부랴 2층 자기 방으로 올라갔습니다. 그리고 창가 의자에 앉아 좋아하는 음악을 틀었습니다.

밖을 보니, 솜과 같은 눈이 팔랑팔랑 내려왔습니다.

"아, 좋은 소리인데."

도모키는 조용히 중얼거리면서 받아온 책을 펼쳤습니다.

# 5학년 종합신습한자

**제1장**

年賀状(ねんがじょう) 연하장
破(やぶ)れる 찢어지다, 깨지다
布(ぬの) 직물, 포목
限界(げんかい) 한계
朝刊(ちょうかん) 조간
修理(しゅうり) 수리
技師(ぎし) 기사, 기술자
職業(しょくぎょう) 직업
検査(けんさ) 검사
習慣(しゅうかん) 습관
中国製(ちゅうごくせい) 중국제
独(ひと)り言(ごと) 혼잣말
一銭(いっせん) 한 푼, 푼돈
価値(かち) 가치
舌(した) 혀
旧式(きゅうしき) 구식
文句(もんく) 트집, 불평
余(あま)る 남다
飼(か)う (동물을) 기르다, 사육하다
肥(こ)える 살찌다, (땅이) 비옥해지다

道徳(どうとく) 도덕
政治家(せいじか) 정치가
事件(じけん) 사건
事故(じこ) 사고
情報(じょうほう) 정보
準備(じゅんび) 준비
久(ひさ)しぶり 오래간만
演(えん)じる (어떤 행동을) 하다
適当(てきとう) 적당
制服(せいふく) 제복
貸間(かしま) 셋방
夢(ゆめ) 꿈
招待(しょうたい) 초대
興味(きょうみ) 흥미
快(こころよ)く 기분 좋게, 즐겁게
賛成(さんせい) 찬성
示(しめ)す 나타내 보이다, 가리키다
消防署(しょうぼうしょ) 소방서
団地(だんち) 단지
校舎(こうしゃ) 교사, 학교 건물
税務署(ぜいむしょ) 세무서

順序(じゅんじょ) 순서
過(す)ぎる 통과하다, 경과하다
省略(しょうりゃく) 생략
墓地(ぼち) 묘지
予測(よそく) 예측
確(たし)か 확실함, 정확함
素質(そしつ) 소질
墓(はか) 묘
先祖(せんぞ) 선조, 조상
険(けわ)しい 험하다, 위태롭다
禁止(きんし) 금지
迷(まよ)う 길을 잃다, 헤매다, 망설이다
逆(ぎゃく) 반대, 거꾸로임
改造(かいぞう) 개조
一応(いちおう) 일단, 우선은
住居(じゅうきょ) 주거
米俵(こめだわら) 쌀섬
一俵(いっぴょう) 한 섬
耕(たがや)す 경작하다
燃(も)える (불)타다, 피어오르다
事情(じじょう) 사정

移る 옮기다, 이동하다, 변하다
仮に 가령, 만일, 임시로
貧しい 가난하다, 부족하다
妻 아내, 처
罪 죄
犯す 어기다, 범하다
可能性 가능성
酸欠状態 산소 결핍 상태
額 이마
桜 벚꽃
再び 다시, 재차
雑木林 잡목림
枝 가지
性格 성격
意志 의지
程 정도
現在地 현 위치
判断 판단
災い 재난, 재액
弁当 도시락
均等 균등

勢い 기세, 힘, 기운
増す 많아지다, 늘다, 더하다

**제2장**

鉱山 광산
総合 종합
授業 수업
銅 동
採れる 채굴되다
張り上げる 소리지르다
金属 금속
厚い 두껍다
群れ 무리
導く 안내하다, 인도하다
姿勢 자세
保つ 유지하다
仏像 불상
銀河 은하
新幹線 신칸센
構内 구내
券売機 매표기
往復 왕복

乗車券 승차권

**제3장**

近寄る 다가가다, 접근하다
質問 질문
支え 받침, 버팀, 지주
絶対 절대
適応 적응
経験 경험
留まる 머무르다, 그치다
永住 영주
表情 표정
許す 허가하다, 허용하다
担任 담임
似る 닮다, 비슷하다
比べる 비교하다, 겨루다
主婦 주부
原因 원인
豊か 풍족함, 풍부함
精神 정신
預金 예금
財産 재산

| | | |
|---|---|---|
| 複数 복수 | 半額 반액 | 武力 무력 |
| 条件 조건 | 統一 통일 | 制圧 제압 |
| 資源 자원 | 清潔 청결 | 防衛 방위 |
| 豊富 풍부 | 評価 평가 | 暴力 폭력 |
| 災害 재해 | 非常 비상 | 感謝 감사 |
| 承知 알고 있음, 승낙함 | 業績 업적 | 恩 은혜 |
| 国営 국영 | 引退 은퇴 | 編集 편집 |
| 講話 강화 | 接客 접객 | 内容 내용 |
| 保護 보호 | 評判 평판 | 築く 쌓다, 구축하다 |
| 組織 조직 | 利益 이익 | 出版 출판 |
| 技術者 기술자 | 輸入 수입 | 述べる 말하다, 기술하다 |
| 設ける 마련하다, 설치하다 | 貿易 무역 | 損 손해 |
| 効率 효율 | 増税 증세 | 眼中 안중 |
| 基本 기본 | 減税 감세 | 窓際 창가 |
| 規則 규칙 | 理解 이해 | 綿 목화, 솜 |
| 個人 개인 | 液 액, 액체 | |
| 責任 책임 | 混じる 섞이다 | |
| 義務 의무 | 境 경계, 갈림길 | |
| 常識 상식 | 国境 국경 | |
| 提出 제출 | 領土 영토 | |
| 証明 증명 | 敵 적 | |

## TIP 직업 관련 일본어 표현

アナウンサー 아나운서
医者 いしゃ 의사
運転手 うんてんしゅ 운전수
演奏家 えんそうか 연주가
会社員 かいしゃいん 회사원
画家 がか 화가
歌手 かしゅ 가수
看護婦 かんごふ 간호사
監督 かんとく 감독
記者 きしゃ 기자
教授 きょうじゅ 교수
教師 きょうし 교사
銀行員 ぎんこういん 은행원
警備員 けいびいん 경비원
芸能人 げいのうじん 연예인
検事 けんじ 검사
建築家 けんちくか 건축가
公務員 こうむいん 공무원
国会議員 こっかいぎいん 국회의원
コック 요리사
コメディアン 코미디언

作家 さっか 작가
詩人 しじん 시인
実業家 じつぎょうか 실업가
小説家 しょうせつか 소설가
スチュワーデス 스튜어디스
設計士 せっけいし 설계사
先生 せんせい 선생
操縦士 そうじゅうし 조종사
タレント 탤런트
デザイナー 디자이너
電気技師 でんきぎし 전기기사
農夫 のうふ 농부
俳優 はいゆう 배우
パイロット 파일럿
美容師 びようし 미용사
プロデューサー 프로듀서
弁護士 べんごし 변호사
牧師 ぼくし 목사
モデル 모델
薬剤師 やくざいし 약사

# 6학년

한자 181자

パラレル
ワールド

패럴렐 월드 (異차원 세계)

# 第一章　たいくつなお正月

　冬休みも半分以上過ぎて、今日はもう正月の二日になってしまいました。
「ああ、たいくつだ。何かおもしろいことないかなあ。」
　宗助(そうすけ)は、冷蔵庫にあった牛乳を飲みながら、テレビのスイッチを入れました。
「新春スポーツスペシャル白根(はくね)駅伝は、サッパリビールの提供でお送りします。」
　アナウンサーの声と共に、選手たちの走る姿が画面に映りました。
「この寒いのによくやるよ。」
　宗助(そうすけ)は、つぶやきながらチャンネルをかえました。
「皇居で一般参賀(ぱん)が行われ、天皇、皇后両陛下が……。」
「ちぇっ。ニュースか。」
　すぐにチャンネルをかえると、今度は、クラシックを演奏をする奏者と指揮者の顔がアップで映りました。
「もう、おもしろくない。」
「今年の参拝者はいつもの年より多いようです。」
「また、ニュースか。」

## 제1장  지루한 정월

겨울방학도 절반 이상 지나 오늘은 정월 초이튿날이 되고 말았습니다.
"아, 지루해. 뭔가 재미있는 일 없을까?"
소스케는 냉장고에 있던 우유를 마시면서 텔레비전 스위치를 켰습니다.
"신춘 스포츠 스페셜 하쿠네 역전(白根駅伝)은 삽파리 맥주 제공으로 보내드립니다."
아나운서 소리와 함께 선수들이 달리는 모습이 화면에 비쳤습니다.
"이렇게 추운데 잘도 달리네."
소스케는 중얼거리면서 채널을 바꿨습니다.
"천황이 거처하는 곳에서 일반 참하(参賀)◆가 이루어져, 천황, 황후 양 폐하가……."
"쳇, 뉴스군."
바로 채널을 바꾸자 이번에는 클래식을 연주하는 연주자와 지휘자의 얼굴이 클로즈업되어 비쳤습니다.
"정말 재미없군."
"올해의 참배자는 여느 해보다 많은 것 같습니다."
"또, 뉴스야."

◆ **参賀** さんが 참하. (특히 새해에) 궁중에 가서 축하의 말이나 글을 올림

---

冷蔵庫 れいぞうこ 냉장고
牛乳 ぎゅうにゅう 우유
提供 ていきょう 제공
姿 すがた 몸매, 옷차림
映 うつる 비치다

皇居 こうきょ 천황이 거처하는 곳
天皇 てんのう 천황
皇后 こうごう 황후
両陛下 りょうへいか 양 폐하
演奏 えんそう 연주

奏者 そうしゃ 연주자
指揮 しき 지휘
参拝者 さんぱいしゃ 참배자

チャンネルをかえると、見たこともない**俳優**たちが声を張り上げているのが**映**りました。

「歌**劇**なんて興味ないよ。ああ、正月番組ってなんてつまらないんだ。」

宗助(そうすけ)は、テレビのスイッチを切って、こたつ◆に入りました。

春から中学生だというのに、宗助(そうすけ)は何も興味がなく、この冬休みも、だらだらと過ごしていました。

〈**将来**の夢〉を書くことになっている**一枚**の**短冊**を**裏**返して、宗助(そうすけ)はこたつにもぐりました。こたつでうとうとしていると、

「宗助(そうすけ)、ちょっとおいで、話したいことがあるんだ。」と、お父さんに**呼**ばれました。

「もう、せっかくねていたのに。」

宗助(そうすけ)は、ぶつぶつ言いながらお父さんの部屋へ行きました。

「お前のおじさんのことだけど。」

お父さんは、読んでいた**雑誌**を置いて、いきなりこんな話を始めました。

---

◆ 火燵 こたつ 각로. 일본의 실내 난방 장치의 하나

| | | |
|---|---|---|
| **俳優** はいゆう 배우 | **一枚** いちまい 한 장 | **裏返** うらがえす 뒤집다 |
| **歌劇** かげき 가극 | **短冊** たんざく 글씨를 쓰거나 표시로 | **呼** よぶ 부르다 |
| **将来** しょうらい 장래 | 물건에 붙이거나 하는 가느다란 종이 | **雑誌** ざっし 잡지 |

채널을 바꾸자 본 적도 없는 배우들이 소리를 지르고 있는 모습이 비쳤습니다.

"가극 따위 흥미 없어. 아, 설 프로그램은 왜 이리 재미없는 거지."

소스케는 텔레비전 스위치를 끄고 고타츠(火燵)에 들어갔습니다.

봄부터 중학생인데 소스케는 조금도 흥미가 없이 올 겨울방학도 지루하게 보내고 있었습니다.

'장래의 꿈'에 대해 쓰게 되어 있는 한 장의 가느다란 종이(短冊)를 뒤집으며 소스케는 고타츠에 기어들어갔습니다. 고타츠에서 꾸벅꾸벅 졸고 있자니,

"소스케, 얘기하고 싶은 게 있으니 좀 와보렴."

하고, 아버지가 불렀습니다.

"정말, 모처럼 자고 있었는데."

소스케는 투덜투덜 거리며 아빠 방으로 갔습니다.

"네 삼촌에 대해서 말인데."

아빠는 읽고 있던 잡지를 놓으며 갑자기 이런 얘기를 시작했습니다.

「お父さんがまだ小さかった時、去年**亡**くなったおじいちゃんから**宇宙**の話を聞いたことがあるんだ。弟といっしょにな。」

「えっ、**宇宙**の話。」

　宗助（そうすけ）は、ちょっと目線を上げてお父さんの顔を見ました。

「それから飛行機に興味を持ったのを覚えている。**宇宙**飛行士になりたいという夢を持ったこともある。もちろん、そんな夢はかなわず、今の会社に**就**職したんだが、お父さんの弟は、**幼**いころからのその夢を**捨**てずに今も持ち続けているんだよ。」

　お父さんは、こう言うと、**灰**皿を引き寄せて、**吸**っていたたばこの**灰**を落としました。

「えっ。お父さんの弟って、ひろしおじさんのことだね。」

「そうだよ。」

「ロケットに乗っているの。」

「いや、ロケットじゃあないが、小型飛行機を**操縦**しているんだ。」

「えっ！ パイロット？」

「パイロットでもないんだが、会社の仕事でよく飛行機に乗っているそうだ。」

「ふうん。すごいね。」

"아빠가 아직 어렸을 때, 작년에 돌아가신 할아버지로부터 우주 이야기를 들은 적이 있단다. 동생과 함께 말이야."

"엣, 우주 이야기."

소스케는 잠시 시선을 들어 아빠 얼굴을 봤습니다.

"그리고 비행기에 흥미를 가진 것을 기억하고 있어. 우주비행사가 되고 싶다고 하는 꿈을 가진 적도 있어. 물론 그런 꿈은 이뤄지지 않아 지금 회사에 취직했지만, 아빠 동생은 어렸을 때부터 그 꿈을 버리지 않고 지금도 계속 가지고 있단다."

아빠는 이렇게 말하더니 재떨이를 끌어당겨 피우고 있던 담뱃재를 털었습니다.

"엣, 아빠의 동생이라고 하면 히로시 삼촌 말인가요."

"그래 맞아."

"로켓을 타고 있는 거예요."

"아니, 로켓이 아니라 소형비행기를 조종하고 있어."

"엣! 파일럿!"

"파일럿도 아니지만 회사 일로 자주 비행기를 타고 있단다."

"흠, 대단한걸."

---

**亡**なくなる 돌아가시다, 죽다
**宇宙** うちゅう 우주
**就職** しゅうしょく 취직

**幼**あさない 어리다, 미숙하다, 유치하다
**捨**てる 버리다

**灰皿** はいざら 재떨이
**吸**う 빨다, 흡수하다
**操縦** そうじゅう 조종

「実は、明日、九州へ行く用事ができたから、お前を乗せてやろうかというメールが**届**いたんだ。昨年の**暮**れから**延期**になっていたそうだ。」

「えっ！ それ本当？」

「本当だよ。どうだ。乗ってみるか。」

「もちろん、乗る、乗る。やったあ！」

<sub>そうすけ</sub>
宗助は、大喜びしました。

「でも、お母さんは心配性だから、**秘密**にしておこう。いいな。」

「うん、わかった。」

<sub>そうすけ</sub>
宗助は元気よく返事をしました。

その**晩**は、なかなかねむれませんでした。

## 第二章　はじめての飛行機

**翌朝**、<sub>そうすけ</sub>宗助は、早起きをしてさっさと顔を**洗**い、**胸**をわくわくさせながらひろしおじさんが**訪**ねてくるのを待ちました。

約束の時**刻**を少し過ぎたころ、おじさんはやって来ました。すぐに、いっしょに車で自**宅**を出て、飛行場まで行きました。

車から**降**りると、二人は街路**樹**に**沿**って**並**んで歩いて行きました。

"실은 내일 규슈에 갈 일이 생겼기에 너를 태워 줄까라고 하는 메일이 왔어. 작년 말부터 연기가 되어 있었다고 해."

"엣! 지금 한 말 정말이야?"

"정말이란다. 어때. 타 볼래."

"물론 탈래. 타고 말고요. 앗싸!"

소스케는 매우 기뻐했습니다.

"하지만 엄마는 세심한 성격이니까 비밀로 해두자꾸나. 알겠니?"

"응, 알았어."

소스케는 힘차게 대답을 했습니다.

그날 밤은 좀처럼 잠을 이루지 못했습니다.

## 제2장 첫 비행기

다음 날 아침, 소스케는 일찍 일어나 재빨리 얼굴을 씻고, 가슴 설레며 히로시 삼촌이 방문하기를 기다렸습니다.

약속 시각을 조금 지났을 무렵 삼촌은 찾아왔습니다. 바로 함께 차로 자택을 나와 비행장까지 갔습니다.

차에서 내리자 둘은 가로수를 따라 나란히 걸어갔습니다.

---

届 とどく 도착하다. 이루어지다. 두루 미치다
暮 くれ 해질 무렵. 계절의 끝 무렵
延期 えんき 연기
秘密 ひみつ 비밀
晩 ばん 저녁. 밤

翌朝 よくあさ 다음날 아침
洗 あらう 씻다
胸 むね 가슴
訪 たずねる 방문하다
時刻 じこく 시각
自宅 じたく 자택

降 おりる 내려가다. (탈것 등에서) 내리다
街路樹 がいろじゅ 가로수
沿 そう 따르다
並 ならぶ 줄을 서다. 필적하다

しばらくして、〈アイリ株式会社〉という文字のついた飛行機が見えてきました。
「あの飛行機ですか？」
　宗助(そうすけ)は、興奮した声でたずねました。
「うん、おれの勤務している会社の専用機だ。でも許可さえ取れば私用でも使えるんだ。」
　それから、おじさんは、燃料を補給しました。それが終わると、いろいろな装備を点検して、ゆっくり操縦席に座りました。
　宗助(そうすけ)も、おそるおそるとなりの席に座りました。
　昨日はあんなに楽しみだったのに、いざ乗るとなると、なんだか不安になってきました。
「危なくないですよね。」
　宗助が小さい声でたずねました。
「こわいか？」
「はい、ちょっと。」
「じゃあ、深呼吸しろ。」
　おじさんは、肩(かた)をたたきながらそう言って、シートベルトをしました。それから、ドアが閉まっているのを確認して、ちょっと背骨を伸(の)ばすような格好をしてから操縦を始めました。

잠시 후 '아이리 주식회사'라고 하는 글씨가 새겨진 비행기가 보였습니다.

"저 비행기인가요?"

소스케는 흥분된 목소리로 물었습니다.

"응, 내가 근무하고 있는 회사 전용기야. 하지만 허가만 받으면 개인적으로도 사용할 수 있어."

그리고 삼촌은 연료를 보급했습니다. 그게 끝나자 여러 장비를 점검한 뒤 천천히 조정석에 앉았습니다.

소스케도 조심조심 옆자리에 앉았습니다.

어제는 그렇게 기대했는데 막상 타려고 하니 왠지 불안해졌습니다.

"위험하진 않죠."

소스케가 작은 소리로 물었습니다.

"무섭니?"

"예, 좀."

"그럼, 심호흡을 하렴."

삼촌은 어깨를 두드리면서 그렇게 말하고 안전벨트를 맸습니다. 그리고 문이 닫혀 있는 것을 확인하고 잠시 등을 펴는 시늉을 한 뒤 조종을 시작했습니다.

---

**株式会社** かぶしきがいしゃ 주식회사
**興奮** こうふん 흥분
**勤務** きんむ 근무
**専用** せんよう 전용
**私用** しよう 사적인 볼일
**補給** ほきゅう 보급
**装備** そうび 장비
**座** すわる 앉다
**危** あぶない 위험하다. 미덥지 않다
**深呼吸** しんこきゅう 심호흡
**閉** しめる 닫다
**確認** かくにん 확인
**背骨** せぼね 등뼈. 척주

ゴーという大きな音がして、機体が動き出しました。それから、どんどんスピードを増して、すうっとうかび上がりました。後ろのシートに押しつけられるように体がかたむきました。気が付くと、窓のずっと下の方に道路や川が小さく見えました。

「わあ！もうこんなに高く上がった！」

　宗助は、興奮のあまり、ほほを少し紅潮させてさけびました。

　やがて、水平飛行に移りました。ずっと前方に赤く染まった不気味な雲が見えました。

「本日は、天気もまずまずだし、乱気流もございません。空からのすばらしい景色を存分にご覧ください。」

　おじさんは、ちょっとふざけて、朗らかな声で言いました。それを聞いて、宗助も、ほっとしました。そしてさっきまでの不安な気持ちがなくなり、楽しい気分になってきました。

「ところで宗助。お前、何才になったんだ？」

「十二月三十日の誕生日で十二才になりました。」

「じゃあ、四月から中学生か。」

「はい、そうです。」

「将来どんな道に進みたいんだ？」

「それがまだ……。」

「なんだまだ考えていないのか。」

'기이이잉' 이라는 커다란 소리가 나자 기체가 움직이기 시작했습니다. 그리고 점점 스피드를 내어 쏙 떠올랐습니다. 뒷자리에 밀리듯이 몸이 기울었습니다. 정신을 차려보니 창문의 훨씬 아래쪽에 도로와 강이 작게 보였습니다.

"와! 벌써 이렇게 높이 올랐어!"

소스케는 흥분한 나머지 볼을 조금 붉히며 외쳤습니다.

곧 수평 비행으로 전환했습니다. 훨씬 전방에 붉게 물든 어쩐지 으스스한 구름이 보였습니다.

"오늘은 날씨도 양호하고 난기류도 없습니다. 하늘에서의 멋진 경치를 마음껏 즐겨 주세요."

삼촌은 좀 장난스럽게 명랑한 소리로 말했습니다. 그 말을 듣고 소스케도 안심했습니다. 그리고 조금 전까지 불안한 마음이 사라지고 즐거운 기분이 되었습니다.

"그런데 소스케. 너 몇 살이 됐니?"

"12월 30일 생일로 12살이 됐어요."

"그럼, 4월부터 중학생이니."

"예, 맞아요."

"장래 어떤 길로 나아가고 싶니?"

"그게 아직……."

"뭐야, 아직 생각 못했니?"

---

窓 まど 창문, 창
紅潮 こうちょう 얼굴이 붉어짐
染 そめる 물들이다, 염색하다
乱気流 らんきりゅう 난기류
存分 ぞんぶん 마음껏
ご覧 らん 보심
朗 ほがらか 명랑한 모양, 날씨가 쾌청한 모양
誕生日 たんじょうび 생일

「いや、年末に、学校で班ごとにそれぞれの夢について討論したところです。担任の先生の話も聞いたり……。」

「ああそうか。」

「はい、みんなの夢を聞いて、いろいろ探しているところなんです。」

宗助(そうすけ)は、自分に夢がないことがはずかしくて、言い訳をしました。

「お前の家の蔵のとなりに大きな倉庫があるだろう。あそこは、おれたち兄弟の遊び場だったんだ。ずっと昔は蚕を飼っていたそうだけどね。卵形のまゆから純白の絹をとっていたんだ。その倉庫に、昔使っていた足ぶみ式の脱穀(だっ)機があって、それでよく遊んだのを覚えているよ。中学生になると、模型飛行機を作ったり、机も作ったりした。そのうちベッドがほしくなってベッドも作ったことがある。とにかく、ほしい物は何でも創り出したんだ。そんなことをしながら、お前のお父さんと将来の夢を話したものさ。発明家になろうかなんて言ったり、大工がおもしろそうだなんて言ったりね。ああ、警察になって泥(どろ)棒をつかまえるんだと言って、筋力トレーニングをしたりしたこともあるぞ。あははは。おもしろかったなあ。」

おじさんは、子どものころを思い出して、なつかしそうに、こんな話をしました。

"아니, 연말에 학교에서 반마다 각각 꿈에 대해 토론했어요. 담임선생님 얘기도 듣기도 하고……."

"아, 그러니."

"예, 모두의 꿈을 듣고 여러모로 찾고 있는 중이에요."

소스케는 자신에게 꿈이 없는 것이 부끄러워서 변명을 했습니다.

"너희 집 곳간 옆에 큰 창고가 있지. 거긴 우리 형제의 놀이터였단다. 훨씬 옛날엔 누에를 기르고 있었다고 하는데, 계란형의 누에고치에서 순백의 비단을 얻고 있었어. 그 창고에 옛날 사용하던 발로 밟는 식의 탈곡기가 있는데, 그걸로 자주 놀았던 것을 기억하고 있어. 중학생이 되자 모형비행기를 만들기도, 책상을 만들기도 했어. 멀지 않아 침대가 갖고 싶어져 침대도 만든 적이 있어. 아무튼 갖고 싶은 것은 뭐든지 만들어 냈단다. 그런 걸 하면서 네 아버지와 장래의 꿈을 얘기하곤 했어. 발명가가 될까라고 말하기도, 목수가 재밌을 것 같은 데라고 말하기도 하면서 말이야. 아 참, 경찰이 되어 도둑을 붙잡을 거라고 하며, 근육 트레이닝을 하거나 한 적도 있어. 으하하. 정말 재밌었어."

삼촌은 어린 시절을 떠올리며 그리운 듯이 이런 얘기를 했습니다.

---

班 はん 반
討論 とうろん 토론
担任 たんにん 담임
探 さがす 찾다
言い訳 いいわけ 변명
蔵 くら 창고

蚕 かいこ 누에
卵形 たまごがた 계란형
純白 じゅんぱく 순백
絹 きぬ 비단
脱穀 だっこく 탈곡
模型 もけい 모형

机 つくえ 책상
創 つくる 만들다
警察 けいさつ 경찰
泥棒 どろぼう 도둑
筋力 きんりょく 근력

「ああ、そうそう。去年亡くなったお前のおじいちゃんは、病気じゃなく、事故だったそうじゃないか。」

おじさんが、思い出したように言いました。

「はい、そうです。トイレでこけて骨が折れて、その折れた骨が肺にささったんです。何週間も激痛が続いて、お母さんとお父さんがつきっきりで看病しました。でもだめでした。」

「そうか。親父は仁徳のある人だった。おれはあんまり親孝行できなかったけど……。それにしても、ほんのちょっとした事故が死に至るような大事故につながるものだな。気をつけないとな。」

おじさんは、自分に言い聞かせるように言いました。

その時、突然視界が悪くなりました。水蒸気がもくもくと機体を包み、雲が何層にも重なって幕のように行く手をさえぎりました。

「おじさんだいじょぶですか。何だか急に暗くなったけど。」

宗助は不安そうに言いました。

「ちょっとゆれるけど、心配するな。」

おじさんの言葉が終わらないうちに、機体がガタガタとゆれ始めました。そして、ピカッと激しい光に目がくらみました。次の瞬間、機体が大きく前にかたむき、ほとんど垂直に下降し始めました。腹がぎゅうとしめつけられ、内臓がえぐられるような感じがしました。

"아, 그래 맞아. 작년에 돌아가신 할아버지는 병이 아니라 사고였다면서?"
삼촌이 생각이 난 듯이 말했습니다.
"예, 맞아요. 화장실에서 넘어져 뼈가 부러져 그 부러진 뼈가 폐를 찔렀어요. 몇 주일이나 심한 통증이 이어져, 어머니와 아버지가 붙어서 간병을 했어요. 하지만 소용없었어요."
"그랬니. 네 아버지는 인덕이 있는 사람이었어. 난 그다지 부모에게 효도를 하지 못했지만……. 그건 그렇고, 아주 자그마한 사고가 죽음에 이르는 큰 사고로 이어지는 법이군. 조심해야 하겠어."
삼촌은 자기 자신에게 타이르듯이 말했습니다.
그때 갑자기 시야가 나빠졌습니다. 수증기가 뭉게뭉게 기체를 감싸고, 구름이 몇 겹이나 겹쳐 막처럼 앞길을 가로막았습니다.
"삼촌 괜찮나요. 왠지 갑자기 어두워졌는데."
소스케는 불안한 듯이 말했습니다.
"좀 흔들리지만, 걱정하지 마."
삼촌의 말이 끝나기 전에 기체가 덜컹덜컹 흔들리기 시작했습니다. 그리고 번쩍하고 강렬한 빛에 현기증이 났습니다. 다음 순간, 기체가 크게 앞으로 기울어져 거의 수직으로 하강하기 시작했습니다. 배가 꽉 죄어져 내장이 에어지는 듯한 느낌이 들었습니다.

骨 ほね 뼈
肺 はい 폐
激痛 げきつう 심한 통증
看病 かんびょう 간병
仁徳 じんとく 인덕
親孝行 おやこうこう 효도(함), 효행

至 いたる 다다르다, 도달하다, 되다
視界 しかい 시야
水蒸気 すいじょうき 수증기
層 そう 층
幕 まく 막
激 はげしい 심하다, 세차다, 격렬하다

垂直 すいちょく 수직
下降 かこう 하강
腹 はら 배
内蔵 ないぞう 내장

「わあ、助けて！苦しい！」

宗助は、さけびました。

機体は、きりもみ状態◆になる寸前に、水平飛行にもどりました。おじさんの熟練した操縦によって、困難な事態をみごとに切りぬけたのです。

「ああ、こわかった。」

宗助はふるえながら言いました。だんだん雲が晴れて、周りが見えるようになりました。

ところが、おじさんはとても厳しい顔をしています。さっきから、いろんな計器の針を見ているのですが、どうも納得いかなかったのです。

「ライフジャケットを着けろ。計器がすべて誤作動している。磁気コンパスもめちゃくちゃで方向がわからない。こんなことは初めてだ。まるで穴にでもすいこまれている感じだ。」

おじさんが早口で言いました。

「このまま落ちてしまうかもしれない。」こんな思いが宗助の脳裏をかすめました。

◆ きりもみ状態 じょうたい 비행기가 고장으로 인해 기수를 아래로 하고 나선형을 그리며 떨어지는 일

| | | |
|---|---|---|
| 寸前 すんぜん 직전 | 針 はり 바늘 | 穴 あな 구멍, 동굴 |
| 熟練 じゅくれん 숙련 | 納得 なっとく 납득 | 脳裏 のうり 뇌리 |
| 困難 こんなん 곤란 | 誤作動 ごさどう 오작동 | |
| 厳 きび しい 엄하다, 험하다 | 磁気 じき 자기 | |

"우와, 살려줘요! 고통스러워요!"

소스케는 외쳤습니다.

기체는 나사선*을 그리며 떨어지기 직전에 수평비행으로 돌렸습니다. 삼촌의 숙련된 조종으로 곤란한 사태를 멋지게 헤치고 나아간 것입니다.

"아, 무서워 죽는 줄 알았네."

소스케는 떨면서 말했습니다. 점점 구름이 개고 주위가 보이게 되었습니다.

그러나 삼촌은 매우 심각한 표정을 짓고 있습니다. 조금 전부터 여러 계기 바늘을 보고 있습니다만, 아무래도 납득이 가지 않았던 것입니다.

"구명조끼를 입거라. 계기가 모두 오작동하고 있어. 자기 컴퍼스도 망가져 방향을 모르겠어. 이런 일은 처음이야. 마치 구멍에라도 빨려가고 있는 느낌이야."

삼촌이 빠른 말로 말했습니다.

"이대로 떨어져 버릴지도 몰라." 이런 생각이 소스케의 뇌리를 스쳐 지나갔습니다.

「とにかく、どこか広い場所を見つけて着陸するしかない。」

おじさんは、こう言って、高度を下げ始めました。

「頭を前にふせろ。」

宗助(そうすけ)は、おじさんの命令に**従**って、頭をふせました。

「さあ、**降**りるぞ。」

おじさんがさけぶと、ガタガタと機体がゆれはじめ、ものすごい**砂**ぼこりが上がりました。

「神様お願いです。助けてください！」

宗助(そうすけ)は頭をふせたままいのりました。ようやく、飛行機は停止しました。

「ああ、助かった。」

宗助(そうすけ)が言うと、おじさんは、

「どうだ。たいしたものだろう。いや、自**己**満足かな。」

と言って笑いました。

「それにしても、ここはどこなんですか。」

「それがさっぱりわからん。広島県の北部上空を飛んでいたはずなんだが……。」

おじさんは不思議そうに言いました。

宗助(そうすけ)も地図の**縮尺**を手がかりにだいたいの位置を**推**測してみました。

"아무튼 어딘가 넓은 장소를 찾아 착륙할 수밖에 없어."
삼촌은 이렇게 말하며 고도를 낮추기 시작했습니다.
"머리를 앞으로 숙여."
소스케는 삼촌의 명령에 따라 머리를 숙였습니다.
"그럼, 내려간다."
삼촌이 외치자, 덜컹덜컹 기체가 흔들리기 시작하며 굉장한 모래먼지가 일어났습니다.
"신이시여! 부탁입니다. 살려 주세요!"
소스케는 머리를 숙인 채 빌었습니다. 간신히 비행기는 정지했습니다.
"휴~, 가까스로 살아났네."
소스케가 말하자, 삼촌은
"어때, 대단한 솜씨지. 아니, 자기만족인가?"
라고 하며 웃었습니다.
"그건 그렇고, 여기는 어딘가요?"
"그게 전혀 모르겠어. 히로시마 현의 북부 상공을 날고 있었는데 말이야."
삼촌은 이상한 듯이 말했습니다.
소스케도 지도의 축척 비율을 단서로 대강의 위치를 추측해 봤습니다.

從 したが う 따르다, 순종하다　　自己 じこ 자기　　推測 すいそく 추측
砂 すな 모래　　　　　　　　　縮尺 しゅくしゃく 축척, 축척 비율

おじさんは地図を指差して、

「おそらくこの区域にいるはずなんだが……。」
と言って考えこみました。それから、

「まあ、とにかく、無事着陸できたんだから、ちょっと腹ごしらえをしよう。」

　こう言うと、バッグの中を探しておにぎりと魚の干物を取り出しました。

「おっと、その前に、これを……。」

　おじさんは、今度は小さなケースを取り出しました。

「二年ほど前に、医者から糖尿病だと宣告されてね。それ以来、食事の前には血糖値を下げるインスリン注射をしなければならないんだよ。」

　こう言いながら、片腕のそでを巻き上げて、注射を始めました。

「最初は、もたもたしたけど、今じゃあもうすっかり慣れて、簡単に処置できるようになったよ。」

　おじさんは、こう言って、注射器を元のケースへ収めました。

## 第三章　知らない町

　簡単な食事を済ませると、二人は、外に出てみました。

「わあ、暖かい！」

삼촌은 지도를 가리키며,

"아마 이 구역에 있을 텐데……."

라고 하며 생각에 잠겼습니다. 그리고

"뭐 아무튼 무사히 착륙했으니까 좀 배를 채우기로 하자."

이렇게 말하며 가방 안을 뒤져 주먹밥과 건어물을 꺼냈습니다.

"아차, 그 전에 이걸……."

삼촌은 이번엔 작은 상자를 꺼냈습니다.

"2년 정도 전에 의사로부터 당뇨병이라고 진단을 받아서 말이야. 그 이후, 식사 전에는 혈당치를 낮추는 인슐린 주사를 맞아야 해."

이렇게 말하면서, 한쪽 팔의 소매를 걷어붙이고는 주사를 놓기 시작했습니다.

"처음에는 우물쭈물했지만, 지금은 이제 완전히 익숙해져 간단히 처치할 수 있게 되었어."

삼촌은 이렇게 말하며 주사기를 원래 상자에 수납했습니다.

## 제3장  모르는 도시

간단한 식사를 마치자 둘은 밖에 나가 봤습니다.

"우와! 따뜻하다!"

---

区域 くいき 구역
干物 ひもの 건어물, 포
糖尿病 とうにょうびょう 당뇨병
宣告 せんこく 선고
血糖値 けっとうち 혈당치

注射 ちゅうしゃ 주사
片腕 かたうで 한쪽 팔
巻まき上あげる 감아 올리다, 갈취하다
簡単 かんたん 간단

処置 しょち 처치
収おさめる 넣다, 받다, 얻다
済すます 끝내다, 때우다
暖あたたかい 따뜻하다

宗助は思わずさけびました。一月だというのに、春のような**暖**かさです。

「これは一体どういうことだ。」

　おじさんも不思議そうな声を上げました。それから、小高い山を指さして言いました。

「あの山の**頂上**へ上がってみよう。何かわかるかもしれない。」

　二人は、**砂**を**盛**り上げたような山をかけ登りました。小さな山でしたがかなり遠くまで**展望**できました。

「宗助、あれを見ろ。」

「あれは、町じゃないの？」

「そうだ。あんな所に町がある。行ってみよう。」

　二人は、山をかけ**降**りて、町の方向へ向かって歩き出しました。しばらく行くと、小さな**泉**を見つけました。

「おっ、ちょうどよかった。さっきの着陸の時、すりむいたらしいんだ。」

　おじさんは、ズボンのすそをたぐり上げて、ひざの**傷**を**洗**いました。それから二人は、**泉**の水でのどをうるおしました。

「ああ、うまい。まさに力の**源泉**だ。」

　おじさんは、自分をはげますように言いました。それからまた、町へと歩き出しました。

소스케는 저도 모르게 그만 소리를 질렀습니다. 1월이라고 하는데 봄과 같은 따뜻함입니다.

"이게 도대체 어찌 된 일이지."

삼촌도 이상한 듯한 소리를 질렀습니다. 그리고 조금 높은 산을 가리키며 말했습니다.

"저 산의 정상에 올라가 보자. 뭔가 알 수 있을지도 몰라."

둘은 모래를 쌓아 높인 듯한 산을 뛰어 올라갔습니다. 작은 산이었습니다만 꽤 멀리까지 전망할 수 있었습니다.

"소스케, 저걸 봐."

"저건 도시가 아닌가요?"

"맞아. 저런 곳에 도시가 있네. 가 보자꾸나."

둘은 산을 뛰어 내려와 도시가 있는 방향을 향해 걷기 시작했습니다. 잠시 가자 작은 샘을 발견했습니다.

"아 마침, 잘됐어. 조금 전 착륙할 때 찰과상을 입은 것 같아."

삼촌은 바지 옷자락을 끌어 올려 무릎에 난 상처를 씻었습니다. 그리고 둘은 샘물로 목을 축였습니다.

"아, 물맛 좋다. 힘이 절로 나는군."

삼촌은 자신을 격려하듯이 말했습니다. 그리고 또 도시로 걷기 시작했습니다.

---

頂上 ちょうじょう 정상
盛もる 쌓아 올리다, (그릇에) 담아 채우다
展望 てんぼう 전망
泉 いずみ 샘, 샘물
傷 きず 상처
源泉 げんせん 원천

町の入り口に来た時、二人は、声を失いました。建物はくずれかけ、電柱はたおれています。道路もあれ果てていました。人の**姿**は全く見えません。
「まるで、大地震の後のようだ。」
　おじさんは、やっと口を開きました。
　その時、一台のタクシーが二人の後ろからやって来て、止まりました。
「おい、**危**ないぞ！　早く乗れ。」
　**若**い運転手が**窓**を開けてさけびました。二人は、何がなんだかわからないまま、とにかく車に乗りこみました。
「ありがとう。ここはどこだ。これは一体どういうことだ？」
　おじさんが話しかけました。
「お前たちは、どこから来たんだ？」
　運転手は、質問に答えずに聞き返しました。
「大阪の近くから来た。」
　おじさんが答えると、
「大阪だって。それはどこの町だ？」

**若**わかい 젊다

　도시가 있는 입구에 왔을 때 둘은 할 말을 잊고 말았습니다. 건물은 무너져 가고 전봇대는 쓰러져 있습니다. 도로도 아주 황폐해져 있었습니다. 사람의 모습은 전혀 보이지 않습니다.

　"마치 대지진이 일어난 후인 것 같군."

　삼촌은 겨우 입을 열었습니다.

　그때, 한 대의 택시가 두 사람 뒤에서 다가와 멈췄습니다.

　"어이, 위험하니 빨리 타시오."

　젊은 운전수가 창문을 열고는 소리를 질렀습니다. 둘은 뭐가 뭔지 영문을 모른 채 아무튼 차를 탔습니다.

　"고맙네. 여긴 어딘가. 이게 도대체 어찌 된 일이지?"

　삼촌이 말을 걸었습니다.

　"당신들은 어디에서 왔소."

　운전수는 질문에 대답하지 않고 되물었습니다.

　"오사카 근처에서 왔네."

　삼촌이 대답하자,

　"오사카라고. 그건 어디에 있는 도시요."

運転手は、不思議そうに言いました。

「大阪を知らないのか？」

「聞いたこともない。」

「じゃあ、ここは、どこだ？」

「ここは、サリーンだ。」

「聞いたこともない。」

今度は、おじさんが不思議そうに言いました。

「ところで、なぜこんなに町があれているんだ？」

「もちろん、戦争さ。」

こう言うと、運転手は車を止めて、道をふさいでいる**鋼**材などの**障**害物を取り**除**きました。

「ほら、見てみろ。**郵**便局も消防**署**も、役所の**庁**舎も、みんなひどい有様だろ。**宗**教施設さえあのざまだ。すべて、戦争のせいだ。」

「どうして戦争が起きたんだ。」

「カルダン**党**が政権を取ったからだ。もともとカルダン**党**は、戦いを好んだんだが、保守**系**の**諸**派の議員がこれと同**盟**関係を結ぶようになり、急に勢力を**拡**大したんだ。それからずっと内戦が続いている。あそこの石**段**の上には、もともと**城**があり、**貴**重な**遺**跡だった。でも、今はあのとおり、さんざんな状態だ。国の**宝**も何もなくしてしまった。独**裁**政治のこわさだ。」

운전수는 이상한 듯이 말했습니다.

"오사카를 모르는가?"

"들은 적도 없소."

"그럼, 여긴 어디지?"

"여긴 사린이오."

"처음 들어 보는데."

이번엔 삼촌이 이상한 듯이 말했습니다.

"그런데 왜 이렇게 도시가 황폐해져 있는 건가?"

"물론, 전쟁 때문이오."

이렇게 말하면서 운전수는 차를 세우고 길을 막고 있는 강철 등의 장해물을 제거했습니다.

"자, 이 꼴을 보시오. 우체국도 소방서도 관공서의 청사도 모두 심한 꼴이잖소. 종교 시설조차 저 모양이니. 모두 전쟁 때문이오."

"왜 전쟁이 일어난 건가?"

"카르단당이 정권을 잡았기 때문이오. 원래 카르단당은 싸움을 좋아했지만, 보수계 여러 파의 의원이 이 당과 동맹관계를 맺게 되어 갑자기 세력을 확대했소. 그리고 줄곧 내전이 계속되고 있소. 저기 돌계단 위에는 원래 성이 있는 귀중한 유적이었소. 하지만 지금은 보시는 대로 저 모양 저 꼴이오. 국가의 보물도 모조리 잃고 말았소. 독재정치의 무서움이라고 할까?"

---

鋼材 こうざい 강재, 강철
障害物 しょうがいぶつ 장해물
除 のぞく 없애다, 제거하다, 빼다
郵便局 ゆうびんきょく 우체국
消防署 しょうぼうしょ 소방서
庁舎 ちょうしゃ 청사
宗教 しゅうきょう 종교

党 とう 당
政権 せいけん 정권
係 けい 계
諸派 しょは 여러 당파
同盟 どうめい 동맹
拡大 かくだい 확대
石段 いしだん 돌계단

城 しろ 성
貴重 きちょう 귀중
遺跡 いせき 유적
宝 たから 보물
独裁 どくさい 독재

運転手の男は、早口で今の政治を**批判**しました。

　その時、バーンという音と共に、車のサイドミラーが**割**れてふっ飛びました。

「ふせろ！　くそ、やられた。流れだまだ。」

　男は、ブレーキをふんでから言いました。

「おじさん。こわいよ。」

　宗助（そうすけ）は今にも泣き出しそうな声で言いました。

「それにしても、おれたちはどこに迷いこんだんだ。あっ、今何年だ？」

　おじさんは、男にたずねました。

「今年は、二〇〇八年だ。」

「同じか。年は同じなのに、世界が全くちがう。あっ、もしかしたら……。」

「おじさん、もしかしたらどうなの？」

　宗助（そうすけ）はじっとおじさんの顔を見てたずねました。

「もしかしたら、パラレルワールドかもしれない。」

「パラレルワールドって？」

「**並行宇宙**と言うんだが、何かのひょうしに**宇宙**に開いた**異**次元空間へ通じる**穴**に落ちこんで、もう一つの**宇宙**に来てしまったんだ。」

「えっ、そんなことが……。そんなこと冗談（じょうだん）でしょう。」

사내 운전수는 빠른 말로 지금의 정치를 비판했습니다.

그때 '펑' 하는 소리와 함께 자동차 사이드미러가 깨져 날아갔습니다.

"엎드려! 제기랄, 당했소. 유탄이오."

사내는 브레이크를 밟고 나서 말했습니다.

"삼촌, 무서워요."

소스케는 금방이라도 울 듯한 목소리로 말했습니다.

"그건 그렇고 우리들은 어디에 빠진 걸까? 아, 지금 몇 년이지?"

삼촌은 사내에게 물었습니다.

"올해는 2008년이오."

"같군. 해는 같은데 세계가 전혀 달라. 앗, 어쩜……."

"삼촌, 어쩜 뭐죠."

소스케는 물끄러미 삼촌의 얼굴을 보며 물었습니다.

"어쩜 패럴렐 월드일지도 몰라."

"패럴렐 월드라니요?"

"평행우주라고 하는데 어떤 것이 계기가 되어 우주에 열린 이차원(異次元) 공간으로 통하는 구멍에 빠져 또 하나의 우주에 와 버린 거야."

"엣, 그런 일이……. 지금 한 말 농담이죠."

---

**批判** ひはん 비판　　　　**並行** へいこう 병행　　　　**異次元** いじげん 이차원, 별세계
**割**われる 깨지다. 터지다. 쪼개지다

宗助（そうすけ）は、心の中でおじさんの話を**否**定しました。

「おれを**疑**っているのか。だが、他に説明がつかないだろう。」

　おじさんは、声を低くして言いました。

「おじさん、帰りたいよ。」

　宗助（そうすけ）は、とうとう泣きだしました。

「そうだな。こんな所にぐずぐずしておれない。もう一度あの**穴**に入るしかない。運転手さん、悪いが、町はずれの広場まで行ってくれないか。」

「よし、わかった。」

　運転手の男は、こう言って、車を走らせました。飛行機の近くまで帰ってくると、おじさんは、運**賃**をはらって、礼を言いました。

「本当に人間の**欲**は、おそろしい。**権**力のおよばない**聖域**があると思っていたが、そんなものはない。人間は**誤**りをおかすものだ。だから、正しい**法律**が必要なんだ。まあ根気よく改**革**していくしかない。じゃあ気をつけてな。」

　男は、こう言い残して去って行きました。

「こわそうだが、**誠**実で、なかなかの**善**人だ。」

　おじさんが、つぶやきました。

소스케는 마음속에서 삼촌 얘기를 부정했습니다.

"날 의심하고 있는 거니. 하지만 달리 설명할 방도가 없잖니."

삼촌은 목소리를 낮춰 말했습니다.

"삼촌, 돌아가고 싶어요."

소스케는 마침내 울기 시작했습니다.

"맞아. 이런 곳에 우물쭈물하고 있을 수 없어. 다시 한 번 저 구멍에 들어갈 수밖에 없어. 운전수 양반. 미안하지만, 변두리 광장까지 가 주지 않겠소?"

"알겠소."

사내 운전수는 이렇게 말하며 차를 몰았습니다. 비행기 근처까지 돌아오자 삼촌은 운임을 내고 감사의 인사를 했습니다.

"정말로 인간의 욕심은 무서워. 권력이 미치지 않는 성역이 있다고 생각했지만, 그런 건 없어. 인간은 잘못을 저지르기 마련이야. 그래서 올바른 법률이 필요한 거야. 아쉬운 대로 끈기 있게 개혁해 갈 수밖에 없어. 그럼, 조심하시오."

사내는 이렇게 말을 남기고 떠나갔습니다.

"무서워 보이지만 성실하고 참 착한 사람이야."

삼촌이 중얼거렸습니다.

---

**否定** ひてい 부정
**疑** うたがう 의심하다
**運賃** うんちん 운임
**欲** よく 욕심, 욕망

**権力** けんりょく 권력
**聖域** せいいき 성역
**誤** あやまり 잘못, 실수, 과오
**法律** ほうりつ 법률

**改革** かいかく 개혁
**誠実** せいじつ 성실
**善人** ぜんにん 착한 사람

# 第四章　運を天に任せる

　おじさんは、**操縦**席に座って、燃料などの点検をしました。

「よし、じゃあ、やってみよう。これといって、良い**方策**があるわけじゃないが……。」

　おじさんは、こう言って、**操縦**を始めました。

「確かこの辺で、**異変**が起きたんだが……。」

「どうか、帰れますように。」

　宗助（そうすけ）は、目をつぶって、いのり続けていました。

「だめだ。もう一度やってみよう。」

　おじさんは、引き返して、もう一度同じコースを飛行しました。

「だめだ。何の変化もない。やっぱり無理か。」

「ええ、そんな。おじさん、もう一度やってみてください。」

　宗助（そうすけ）は、手を合わせて言いました。

「よし、もう一度だ。ただしもう燃料が少ない。これが最後だ。」

　おじさんはこう言うと、再び機体を旋（せん）回させました。その時、ピカッとまぶしい光に包まれ、機体がかたむきました。

---

**方策** ほうさく 방책　　　　**異変** いへん 이변

## 제4장 운을 하늘에 맡기다

삼촌은 조종석에 앉아 연료 등의 점검을 했습니다.

"자, 그럼 해 보자. 이렇다 할 좋은 방책이 있는 건 아니지만······."

삼촌은 이렇게 말하며 조종을 시작했습니다.

"분명히 이 부근에 이변이 일어났는데······."

"제발, 돌아갈 수 있도록."

소스케는 눈을 감고 계속 기도하고 있었습니다.

"안 되는걸. 다시 한번 해 보자."

삼촌은 되돌려 다시 한 번 같은 코스를 비행했습니다.

"소용없어. 아무런 변화도 없어. 역시 무리일까?"

"에에, 그럴 리가. 삼촌, 다시 한번 해 보세요."

소스케는 손을 모으며 말했습니다.

"좋아, 다시 한번 해 보자. 다만 이제 연료가 부족해. 이게 마지막이야."

삼촌은 이렇게 말하며 다시 기체를 선회시켰습니다. 그때 번쩍 눈부신 빛에 휩싸여 기체가 기울었습니다.

「やった！　あの時と同じだ。」

おじさんが声を上げました。

周りが暗くなり、しばらく、**穴**にすいこまれるように飛行した後、水平飛行にもどりました。

「やったぞ！　宗助、ほら見てみろ、美しい町だ！」

「えっ、本当！　本当にもどれたの。やった！　やったよ、おじさん。助かったんだ。家に帰れるんだ。」

宗助は、**我**を**忘**れてさけびました。

やがて、飛行機は、**郷**里の上空へさしかかりました。そして、朝出発した飛行場に無事着陸したのです。

宗助は、車を運転するおじさんの横顔を**尊敬**の眼差しで見つめました。そして、あの運転手の「人間はまちがいをおかすものだ。だから、正しい法律が必要だ。」という**忠告**を思い出していました。

その時、学校で習ったことのある、戦争を歌った歌の歌詞がふっと宗助の頭にうかびました。その歌の歌詞を何度も心でくり返しているうちに、車は自**宅**へ着きました。

さて、それから三日後のことです。

「ここで**臨**時ニュースをお伝えします。福丸総理は、内**閣**支持率の低下を受けて、**衆**議院の解散を決断しました。」

"해냈어! 그때와 똑같아."

삼촌이 소리를 질렀습니다.

주위가 어두워지고 잠시 구멍에 빨려들어 가듯이 비행한 후, 수평비행으로 돌아왔습니다.

"해냈어! 소스케, 자 보렴. 이 얼마나 아름다운 도시인지!"

"엣, 정말이에요! 정말로 돌아온 거에요. 앗싸!◆ 삼촌. 살았어요. 집에 돌아갈 수 있어요."

소스케는 정신없이 소리를 질렀습니다.

곧 비행기는 고향 상공에 접어들었습니다. 그리고 아침에 출발한 비행장에 무사히 착륙한 것입니다.

소스케는 차를 운전하는 삼촌의 옆 얼굴을 존경의 눈빛으로 바라봤습니다. 그리고 그 운전수의 "인간은 잘못을 저지르기 마련이야. 그래서 올바른 법률이 필요해."라는 충고를 떠올리고 있었습니다.

그때 학교에서 배운 적이 있는 전쟁을 노래한 노래 가사가 문득 소스케의 머리에 떠올랐습니다. 그 노래 가사를 몇 번이나 마음속으로 반복하고 있는 사이에 차는 자택에 도착했습니다.

자, 그리고 3일 후의 일입니다.

"여기에서 임시 뉴스를 전해 드리겠습니다. 후쿠마루 총리는 내각지지율의 저하를 이유로 중의원 해산을 결단했습니다."

◆ やった 무슨 일이 잘 되었을 때 기뻐서 하는 말. 됐다. 해냈다.

我 われ 우리
忘 わすれる 잊다, 잊어버리다
郷里 きょうり 향리, 고향

尊敬 そんけい 존경
忠告 ちゅうこく 충고
歌詞 かし 가사

臨時 りんじ 임시
内閣 ないかく 내각
衆議院 しゅうぎいん 중의원

テレビを見ていた宗助(そうすけ)は、ドキッとして、お父さんの部屋へ行きました。
「お父さん、**衆議院が解散**だって。」
「えっ、ついに解散か。それにしても、お前、いつから政治に興味を持つようになったんだ。」
　お父さんは、少しうれしそうに言いました。そして、本だなから、『子どものための日本国憲法』（井下(いのした)ひさお**著**）という本を取り出して、宗助(そうすけ)に手わたしました。
　**翌**朝、宗助(そうすけ)の短**冊**には、〈**将来**の夢は、法**律**の勉強をすること〉と書かれていました。

텔레비전을 보고 있던 소스케는 심장이 두근거려 아버지 방으로 갔습니다.

"아빠, 중의원이 해산이래요."

"엣, 마침내 해산인가? 그건 그렇고 너 언제부터 정치에 흥미를 가지게 되었니?"

아빠는 조금 기쁜 듯이 말했습니다. 그리고 책장에서 『어린이를 위한 일본국 헌법』(이노시타 히사오 저)이라고 하는 책을 꺼내 소스케에게 건넸습니다.

다음 날 아침, 소스케의 가느다란 종이엔 '장래의 꿈은 법률 공부를 하는 것'이라고 쓰여 있었습니다.

---

憲法 けんぽう 헌법　　　著 ちょ 저서

# 6학년 종합신습한자

### 제1장

冷蔵庫(れいぞうこ) 냉장고

牛乳(ぎゅうにゅう) 우유

提供(ていきょう) 제공

姿(すがた) 몸매, 옷차림

映(うつ)る 비치다

皇居(こうきょ) 천황이 거처하는 곳

天皇(てんのう) 천황

皇后(こうごう) 황후

両陛下(りょうへいか) 양 폐하

演奏(えんそう) 연주

奏者(そうしゃ) 연주자

指揮(しき) 지휘

参拝者(さんぱいしゃ) 참배자

俳優(はいゆう) 배우

歌劇(かげき) 가극

将来(しょうらい) 장래

一枚(いちまい) 한 장

短冊(たんざく) 글씨를 쓰거나 표시로 물건에 붙이거나 하는 가느다란 종이

裏返(うらがえ)す 뒤집다

呼(よ)ぶ 부르다

雑誌(ざっし) 잡지

亡(な)くなる 돌아가시다, 죽다

宇宙(うちゅう) 우주

就職(しゅうしょく) 취직

幼(おさな)い 어리다, 미숙하다, 유치하다

捨(す)てる 버리다

灰皿(はいざら) 재떨이

吸(す)う 빨다, 흡수하다

操縦(そうじゅう) 조종

届(とど)く 도착하다, 이루어지다, 두루 미치다

暮(く)れ 해질 무렵, 계절의 끝 무렵

延期(えんき) 연기

秘密(ひみつ) 비밀

晩(ばん) 저녁 밤

### 제2장

翌朝(よくあさ) 다음날 아침

洗(あら)う 씻다

胸(むね) 가슴

訪(たず)ねる 방문하다

時刻(じこく) 시각

自宅(じたく) 자택

降(お)りる 내려가다, (탈것 등에서) 내리다

街路樹(がいろじゅ) 가로수

沿(そ)う 따르다

並(なら)ぶ 줄을 서다, 필적하다

株式会社(かぶしきがいしゃ) 주식회사

興奮(こうふん) 흥분

勤務(きんむ) 근무

専用(せんよう) 전용

私用(しよう) 사적인 볼일

補給(ほきゅう) 보급

装備(そうび) 장비

座(すわ)る 앉다

危(あぶ)ない 위험하다, 미덥지 않다

深呼吸(しんこきゅう) 심호흡

閉(し)める 닫다

確認(かくにん) 확인

背骨(せぼね) 등뼈, 척주

窓(まど) 창문, 창

|  |  |
|---|---|
| <ruby>紅潮<rt>こうちょう</rt></ruby> | 얼굴이 붉어짐 |
| <ruby>染<rt>そ</rt></ruby>める | 물들이다, 염색하다 |
| <ruby>乱気流<rt>らんきりゅう</rt></ruby> | 난기류 |
| <ruby>存分<rt>ぞんぶん</rt></ruby> | 마음껏 |
| ご<ruby>覧<rt>らん</rt></ruby> | 보심 |
| <ruby>朗<rt>ほが</rt></ruby>らか | 명랑한 모양, 날씨가 쾌청한 모양 |
| <ruby>誕生日<rt>たんじょうび</rt></ruby> | 생일 |
| <ruby>班<rt>はん</rt></ruby> | 반 |
| <ruby>討論<rt>とうろん</rt></ruby> | 토론 |
| <ruby>担任<rt>たんにん</rt></ruby> | 담임 |
| <ruby>探<rt>さが</rt></ruby>す | 찾다 |
| <ruby>言<rt>い</rt></ruby>い<ruby>訳<rt>わけ</rt></ruby> | 변명 |
| <ruby>蔵<rt>くら</rt></ruby> | 창고 |
| <ruby>蚕<rt>かいこ</rt></ruby> | 누에 |
| <ruby>卵形<rt>たまごがた</rt></ruby> | 계란형 |
| <ruby>純白<rt>じゅんぱく</rt></ruby> | 순백 |
| <ruby>絹<rt>きぬ</rt></ruby> | 비단 |
| <ruby>脱穀<rt>だっこく</rt></ruby> | 탈곡 |
| <ruby>模型<rt>もけい</rt></ruby> | 모형 |
| <ruby>机<rt>つくえ</rt></ruby> | 책상 |
| <ruby>創<rt>つく</rt></ruby>る | 만들다 |
| <ruby>警察<rt>けいさつ</rt></ruby> | 경찰 |
| <ruby>泥棒<rt>どろぼう</rt></ruby> | 도둑 |
| <ruby>筋力<rt>きんりょく</rt></ruby> | 근력 |
| <ruby>骨<rt>ほね</rt></ruby> | 뼈 |
| <ruby>肺<rt>はい</rt></ruby> | 폐 |
| <ruby>激痛<rt>げきつう</rt></ruby> | 심한 통증 |
| <ruby>看病<rt>かんびょう</rt></ruby> | 간병 |
| <ruby>仁徳<rt>じんとく</rt></ruby> | 인덕 |
| <ruby>親孝行<rt>おやこうこう</rt></ruby> | 효도(함), 효행 |
| <ruby>至<rt>いた</rt></ruby>る | 다다르다, 도달하다, 되다 |
| <ruby>視界<rt>しかい</rt></ruby> | 시야 |
| <ruby>水蒸気<rt>すいじょうき</rt></ruby> | 수증기 |
| <ruby>層<rt>そう</rt></ruby> | 층 |
| <ruby>幕<rt>まく</rt></ruby> | 막 |
| <ruby>激<rt>はげ</rt></ruby>しい | 심하다, 세차다, 격렬하다 |
| <ruby>垂直<rt>すいちょく</rt></ruby> | 수직 |
| <ruby>下降<rt>かこう</rt></ruby> | 하강 |
| <ruby>腹<rt>はら</rt></ruby> | 배 |
| <ruby>内臓<rt>ないぞう</rt></ruby> | 내장 |
| <ruby>寸前<rt>すんぜん</rt></ruby> | 직전 |
| <ruby>熟練<rt>じゅくれん</rt></ruby> | 숙련 |
| <ruby>困難<rt>こんなん</rt></ruby> | 곤란 |
| <ruby>厳<rt>きび</rt></ruby>しい | 엄하다, 험하다 |
| <ruby>針<rt>はり</rt></ruby> | 바늘 |
| <ruby>納得<rt>なっとく</rt></ruby> | 납득 |
| <ruby>誤作動<rt>ごさどう</rt></ruby> | 오작동 |
| <ruby>磁気<rt>じき</rt></ruby> | 자기 |
| <ruby>穴<rt>あな</rt></ruby> | 구멍, 동굴 |
| <ruby>脳裏<rt>のうり</rt></ruby> | 뇌리 |
| <ruby>従<rt>したが</rt></ruby>う | 따르다, 순종하다 |
| <ruby>砂<rt>すな</rt></ruby> | 모래 |
| <ruby>自己<rt>じこ</rt></ruby> | 자기 |
| <ruby>縮尺<rt>しゅくしゃく</rt></ruby> | 축척, 축척 비율 |
| <ruby>推測<rt>すいそく</rt></ruby> | 추측 |
| <ruby>区域<rt>くいき</rt></ruby> | 구역 |
| <ruby>干物<rt>ひもの</rt></ruby> | 건어물, 포 |
| <ruby>糖尿病<rt>とうにょうびょう</rt></ruby> | 당뇨병 |
| <ruby>宣告<rt>せんこく</rt></ruby> | 선고 |
| <ruby>血糖値<rt>けっとうち</rt></ruby> | 혈당치 |
| <ruby>注射<rt>ちゅうしゃ</rt></ruby> | 주사 |

| | | |
|---|---|---|
| 片腕(かたうで) 한쪽 팔 | 宗教(しゅうきょう) 종교 | 権力(けんりょく) 권력 |
| 巻き上げる(まきあげる) 감아 올리다 | 党(とう) 당 | 聖域(せいいき) 성역 |
| 簡単(かんたん) 간단 | 政権(せいけん) 정권 | 誤り(あやまり) 잘못, 실수, 과오 |
| 処置(しょち) 처치 | 系(けい) 계 | 法律(ほうりつ) 법률 |
| 収める(おさめる) 넣다, 받다, 얻다 | 諸派(しょは) 여러 당파 | 改革(かいかく) 개혁 |

## 제3장

| | | |
|---|---|---|
| 済ます(すます) 끝내다, 때우다 | 同盟(どうめい) 동맹 | 誠実(せいじつ) 성실 |
| 暖かい(あたたかい) 따뜻하다 | 拡大(かくだい) 확대 | 善人(ぜんにん) 착한 사람 |

| | | |
|---|---|---|
| 頂上(ちょうじょう) 정상 | 石段(いしだん) 돌계단 | |
| 盛る(もる) 쌓아 올리다 | 城(しろ) 성 | |

## 제4장

| | | |
|---|---|---|
| 展望(てんぼう) 전망 | 貴重(きちょう) 귀중 | 方策(ほうさく) 방책 |
| 泉(いずみ) 샘, 샘물 | 遺跡(いせき) 유적 | 異変(いへん) 이변 |
| 傷(きず) 상처 | 宝(たから) 보물 | 我(われ) 우리 |
| 源泉(げんせん) 원천 | 独裁(どくさい) 독재 | 忘れる(わすれる) 잊다, 잊어버리다 |
| 若い(わかい) 젊다 | 批判(ひはん) 비판 | 郷里(きょうり) 향리, 고향 |
| 鋼材(こうざい) 강재, 강철 | 割れる(われる) 깨지다, 터지다 | 尊敬(そんけい) 존경 |
| 障害物(しょうがいぶつ) 장해물 | 並行(へいこう) 병행 | 忠告(ちゅうこく) 충고 |
| 除く(のぞく) 없애다, 제거하다, 빼다 | 異次元(いじげん) 이차원, 별세계 | 歌詞(かし) 가사 |
| 郵便局(ゆうびんきょく) 우체국 | 否定(ひてい) 부정 | 臨時(りんじ) 임시 |
| 消防署(しょうぼうしょ) 소방서 | 疑う(うたがう) 의심하다 | 内閣(ないかく) 내각 |
| 庁舎(ちょうしゃ) 청사 | 運賃(うんちん) 운임 | 衆議院(しゅうぎいん) 중의원 |
| | 欲(よく) 욕심, 욕망 | 憲法(けんぽう) 헌법 |
| | | 著(ちょ) 저서 |

## TIP 성격 관련 일본어 표현

遠慮深えんりょぶかい 조심스럽다, 겸손하다
落おち着ついている 차분하다
大人おとなしい 어른스럽다
思おもいやりがある 배려심이 있다
口くちが堅かたい 쉽게 입을 열지 않는다
几帳面きちょうめんだ 꼼꼼하다
倹約的けんやくてきだ 검약적이다, 검소하다
さっぱりした性格せいかく 시원스런 성격
如才じょさいない 빈틈이 없다, 붙임성이 있다
情愛じょうあいが深ふかい 정이 많다
上品じょうひんだ 품위가 있다
素直すなおだ 순수하다
倹つましい 검소하다
恥はずかしがり屋や 부끄러움을 잘 타는 사람
まめだ 부지런하다
用心深ようじんぶかい 신중하다
愛想あいそがない 붙임성이 없다, 무뚝뚝하다
甘あまえん坊ぼう 응석꾸러기
天あまの邪鬼じゃく 심술꾸러기
いい加減かげんだ 무책임하다
田舎いなか臭くさい 촌스럽다
大袈裟おおげさだ 과장되다
大雑把おおざっぱだ 대략적이다
怒おこりっぽい 화를 잘 내는 성질이다
おせっかいだ 필요 없는 참견을 하다

落おち着っきがない 차분하지 못하다
おっちょこちょい 촐랑이
頑固がんこだ 완고하다
機嫌買きげんがい 기분파
気性きしょうが激はげしい 과격하다
気紛きまぐれだ 변덕스럽다
口くちうるさい 잔소리가 많다
下品げひんだ 품위가 없다
傲慢ごうまんだ 거만하다
子供こどもっぽい 어린애 같다, 유치하다
媚こびへつらう 아첨하다
執念深しゅうねんぶかい 집념이 강하다
せっかちだ 성급하다
そそっかしい 덜렁거리다
鈍臭どんくさい 둔하다
怠なまけ者もの 게으름뱅이
呑気のんきだ 무사태평하다
派手はでだ 화려하다
地味じみだ 수수하다
鼻はなっ柱ばしらが強つよい 콧대가 세다
見栄みえっ張ばり 허세부리는 사람
みみっちい 인색하다
無鉄砲むてっぽうだ 무모하다
理屈りくつっぽい 이론만 내세우다
我わがままだ 제멋대로다

# 부록

본문에서 나온 566자 총 TEST

N2 필수한자 421자 관련어휘

## 본문에서 나온 566자 총 TEST

**4학년 200자**

| 한자 | 읽는 법 쓰기 | 뜻 |
|---|---|---|
| 世紀 | | |
| 末 | | |
| 各地 | | |
| 自然 | | |
| 南極 | | |
| 戦争 | | |
| 競う | | |
| 兵器 | | |
| 実験 | | |
| 大量 | | |
| 毒 | | |
| 満ちる | | |
| 付く | | |
| 健康 | | |
| 害 | | |
| 残る | | |
| 最後 | | |
| 試み | | |
| 海底 | | |
| 建物 | | |
| 建てる | | |
| 照る | | |
| 季節 | | |
| 変化 | | |
| 笑い | | |
| 労働 | | |
| 失う | | |
| 無気力 | | |
| 胃 | | |

| 한자 | 읽는 법 쓰기 | 뜻 |
|---|---|---|
| 腸 | | |
| 博士 | | |
| 以前 | | |
| 求める | | |
| 軍隊 | | |
| 不要 | | |
| 唱える | | |
| 人類 | | |
| 救う | | |
| 積む | | |
| 完成 | | |
| 喜ぶ | | |
| 改良 | | |
| 機械 | | |
| 必ず | | |
| 連邦 | | |
| 政府 | | |
| 兆 | | |
| 軍事費 | | |
| 願う | | |
| 国民 | | |
| 要求 | | |
| 残念 | | |
| 努力 | | |
| 苦労 | | |
| 成功 | | |
| 結び付く | | |
| 未来 | | |
| 大西氏 | | |

| | | | |
|---|---|---|---|
| 固い | | 席 | |
| 億 | | 直径 | |
| 鏡 | | 包む | |
| 白衣 | | 続ける | |
| 静か | | 覚ます | |
| 官僚 | | 周囲 | |
| 大臣 | | 停止 | |
| 反省 | | 観察 | |
| 利益 | | 山脈 | |
| 政治家 | | 連なる | |
| 説得 | | 英語 | |
| 熱い | | 小型 | |
| お祝い | | 飛行機 | |
| 浴びる | | 着陸 | |
| 料理 | | 反対側 | |
| 食堂 | | 貨物 | |
| 冷蔵庫 | | 航空 | |
| 塩 | | 標識 | |
| 焼く | | 案内 | |
| 倉庫 | | 借りる | |
| 置く | | 街 | |
| 一輪 | | 海辺 | |
| 共 | | 景色 | |
| 食器 | | 見覚え | |
| 飛び散る | | 郡 | |
| 粉 | | 郵便局 | |
| 低い | | 不思議 | |
| 試す | | 信じる | |
| 歴史 | | 孫 | |
| 変える | | 関係 | |

| | |
|---|---|
| 老人 | |
| 辺 | |
| 一帯 | |
| 漁師 | |
| 種類 | |
| 名人芸 | |
| 養う | |
| 卒業 | |
| 漁 | |
| 大漁旗 | |
| 灯台 | |
| 漁業 | |
| おれ達 | |
| 候補者 | |
| 票 | |
| 選挙 | |
| 敗れる | |
| 別れ | |
| 告げる | |
| 加える | |
| 笑顔 | |
| 印象的 | |
| 不安 | |
| 牧場 | |
| 周り | |
| 突然 | |
| 飛び出す | |
| 泣く | |
| 松林 | |
| 浅い | |

| | |
|---|---|
| 清流 | |
| 白菜 | |
| 梅 | |
| 巣 | |
| 玄関 | |
| 表札 | |
| 伝える | |
| 働く | |
| 初め | |
| 食事付き | |
| 上司 | |
| 副社長 | |
| 命令 | |
| 課長 | |
| 管理 | |
| 夫 | |
| 昨年 | |
| 好き | |
| 給料 | |
| 差 | |
| 順位 | |
| 特別 | |
| 賞 | |
| 辞職 | |
| 欠勤 | |
| 貯金 | |
| 希望 | |
| 気の毒 | |
| 愛する | |
| ご飯 | |

| 한자 | 읽는 법 쓰기 | 뜻 |
|---|---|---|
| 殺す | | |
| 仲良く | | |
| 産業 | | |
| 栄える | | |
| 教訓 | | |
| 事典 | | |
| 印刷物 | | |
| 法律 | | |
| 事例 | | |
| 記録 | | |
| 約 | | |
| 説明 | | |
| 児童 | | |
| 生徒 | | |
| 勇気 | | |
| 教材 | | |

| 한자 | 읽는 법 쓰기 | 뜻 |
|---|---|---|
| 協力 | | |
| 必要 | | |
| 約束 | | |
| 争い | | |
| 無くす | | |
| 改める | | |
| 参加 | | |
| 単位 | | |
| 良い | | |
| 満足 | | |
| 変わる | | |
| 結果 | | |
| 果たす | | |
| 折る | | |
| 新芽 | | |

## 5학년 185자

| 한자 | 읽는 법 쓰기 | 뜻 |
|---|---|---|
| 年賀状 | | |
| 破れる | | |
| 布 | | |
| 限界 | | |
| 朝刊 | | |
| 修理 | | |
| 技師 | | |
| 職業 | | |
| 検査 | | |
| 習慣 | | |
| 中国製 | | |
| 独り言 | | |

| 한자 | 읽는 법 쓰기 | 뜻 |
|---|---|---|
| 一銭 | | |
| 価値 | | |
| 舌 | | |
| 旧式 | | |
| 文句 | | |
| 余る | | |
| 飼う | | |
| 肥える | | |
| 道徳 | | |
| 政治家 | | |
| 事件 | | |
| 事故 | | |

| | | | |
|---|---|---|---|
| 情報 | | 改造 | |
| 準備 | | 一応 | |
| 久しぶり | | 住居 | |
| 演じる | | 米俵 | |
| 適当 | | 一俵 | |
| 制服 | | 耕す | |
| 貸間 | | 燃える | |
| 夢 | | 事情 | |
| 招待 | | 移る | |
| 興味 | | 仮に | |
| 快く | | 貧しい | |
| 賛成 | | 妻 | |
| 示す | | 罪 | |
| 消防署 | | 犯す | |
| 団地 | | 可能性 | |
| 校舎 | | 酸欠状態 | |
| 税務署 | | 額 | |
| 順序 | | 桜 | |
| 過ぎる | | 再び | |
| 省略 | | 雑木林 | |
| 墓地 | | 枝 | |
| 予測 | | 性格 | |
| 確か | | 意志 | |
| 素質 | | 程 | |
| 墓 | | 現在地 | |
| 先祖 | | 判断 | |
| 険しい | | 災い | |
| 禁止 | | 弁当 | |
| 迷う | | 均等 | |
| 逆 | | 勢い | |

| | | | |
|---|---|---|---|
| 増す | | 担任 | |
| 鉱山 | | 似る | |
| 総合 | | 比べる | |
| 授業 | | 主婦 | |
| 銅 | | 原因 | |
| 採れる | | 豊か | |
| 張り上げる | | 精神 | |
| 金属 | | 預金 | |
| 厚い | | 財産 | |
| 群れ | | 複数 | |
| 導く | | 条件 | |
| 姿勢 | | 資源 | |
| 保つ | | 豊富 | |
| 仏像 | | 災害 | |
| 銀河 | | 承知 | |
| 新幹線 | | 国営 | |
| 構内 | | 講話 | |
| 券売機 | | 保護 | |
| 往復 | | 組織 | |
| 乗車券 | | 技術者 | |
| 近寄る | | 設ける | |
| 質問 | | 効率 | |
| 支え | | 基本 | |
| 絶対 | | 規則 | |
| 適応 | | 個人 | |
| 経験 | | 責任 | |
| 留まる | | 義務 | |
| 永住 | | 常識 | |
| 表情 | | 提出 | |
| 許す | | 証明 | |

| 한자 | 읽는 법 쓰기 | 뜻 |
|---|---|---|
| 半額 | | |
| 統一 | | |
| 清潔 | | |
| 評価 | | |
| 非常 | | |
| 業績 | | |
| 引退 | | |
| 責任者 | | |
| 接客 | | |
| 評判 | | |
| 利益 | | |
| 輸入 | | |
| 貿易 | | |
| 増税 | | |
| 減税 | | |
| 理解 | | |
| 液 | | |
| 混じる | | |
| 境 | | |

| 한자 | 읽는 법 쓰기 | 뜻 |
|---|---|---|
| 国境 | | |
| 領土 | | |
| 敵 | | |
| 武力 | | |
| 制圧 | | |
| 防衛 | | |
| 暴力 | | |
| 感謝 | | |
| 恩 | | |
| 編集 | | |
| 内容 | | |
| 築く | | |
| 出版 | | |
| 述べる | | |
| 損 | | |
| 眼中 | | |
| 窓際 | | |
| 綿 | | |

6학년 181자

| 한자 | 읽는 법 쓰기 | 뜻 |
|---|---|---|
| 冷蔵庫 | | |
| 牛乳 | | |
| 提供 | | |
| 姿 | | |
| 映る | | |
| 皇居 | | |
| 天皇 | | |
| 皇后 | | |
| 両陛下 | | |

| 한자 | 읽는 법 쓰기 | 뜻 |
|---|---|---|
| 演奏 | | |
| 奏者 | | |
| 指揮 | | |
| 参拝者 | | |
| 俳優 | | |
| 歌劇 | | |
| 将来 | | |
| 一枚 | | |
| 短冊 | | |

| | | | |
|---|---|---|---|
| 裏返す | | 私用 | |
| 呼ぶ | | 補給 | |
| 雑誌 | | 装備 | |
| 亡くなる | | 座る | |
| 宇宙 | | 危ない | |
| 就職 | | 深呼吸 | |
| 幼い | | 閉める | |
| 捨てる | | 確認 | |
| 灰皿 | | 背骨 | |
| 吸う | | 窓 | |
| 操縦 | | 紅潮 | |
| 届く | | 染める | |
| 暮れ | | 乱気流 | |
| 延期 | | 存分 | |
| 秘密 | | ご覧 | |
| 晩 | | 朗らか | |
| 翌朝 | | 誕生日 | |
| 洗う | | 班 | |
| 胸 | | 討論 | |
| 訪ねる | | 担任 | |
| 時刻 | | 探す | |
| 自宅 | | 言い訳 | |
| 降りる | | 蔵 | |
| 街路樹 | | 蚕 | |
| 沿う | | 卵形 | |
| 並ぶ | | 純白 | |
| 株式会社 | | 絹 | |
| 興奮 | | 脱穀 | |
| 勤務 | | 模型 | |
| 専用 | | 机 | |

| | |
|---|---|
| 創る | |
| 警察 | |
| 泥棒 | |
| 筋力 | |
| 骨 | |
| 肺 | |
| 激痛 | |
| 看病 | |
| 仁徳 | |
| 親孝行 | |
| 至る | |
| 視界 | |
| 水蒸気 | |
| 層 | |
| 幕 | |
| 激しい | |
| 垂直 | |
| 下降 | |
| 腹 | |
| 内臓 | |
| 寸前 | |
| 熟練 | |
| 困難 | |
| 厳しい | |
| 針 | |
| 納得 | |
| 誤作動 | |
| 磁気 | |
| 穴 | |
| 脳裏 | |

| | |
|---|---|
| 従う | |
| 砂 | |
| 自己 | |
| 縮尺 | |
| 推測 | |
| 区域 | |
| 干物 | |
| 糖尿病 | |
| 宣告 | |
| 血糖値 | |
| 注射 | |
| 片腕 | |
| 巻き上げる | |
| 簡単 | |
| 処置 | |
| 収める | |
| 済ます | |
| 暖かい | |
| 頂上 | |
| 盛る | |
| 展望 | |
| 泉 | |
| 傷 | |
| 源泉 | |
| 若い | |
| 鋼材 | |
| 障害物 | |
| 除く | |
| 郵便局 | |
| 消防署 | |

| | | | |
|---|---|---|---|
| 庁舎 | | 欲 | |
| 宗教 | | 権力 | |
| 党 | | 聖域 | |
| 政権 | | 誤り | |
| 系 | | 法律 | |
| 諸派 | | 改革 | |
| 同盟 | | 誠実 | |
| 拡大 | | 善人 | |
| 石段 | | 方策 | |
| 城 | | 異変 | |
| 貴重 | | 我 | |
| 遺跡 | | 忘れる | |
| 宝 | | 郷里 | |
| 独裁 | | 尊敬 | |
| 批判 | | 忠告 | |
| 割れる | | 歌詞 | |
| 並行 | | 臨時 | |
| 異次元 | | 内閣 | |
| 否定 | | 衆議院 | |
| 疑う | | 憲法 | |
| 運賃 | | 著 | |

# N2 필수한자 421자 관련어휘

일본한자 | 부수와 총 획수          음독과 훈독

---

**001: N2**

## 案
책상 **안**
木 | 10

- 음독 **あん**
  - 案外 뜻밖에, 의외로 / あんがい
  - 案内 안내 / あんない
  - 原案 원안 / げんあん
  - 考案 고안 / こうあん
  - 思案 궁리, 근심 / しあん
  - 図案 도안 / ずあん
  - 提案 제안 / ていあん
  - 答案 답안 / とうあん
  - 腹案 복안 / ふくあん
  - 名案 명안 / めいあん
- 훈독 —

---

**002: N2**

## 衣
옷 **의**
衣 | 6

- 음독 **い**
  - 衣食住 의식주 / いしょくじゅう
  - 衣服 의복 / いふく
  - 衣類 의류 / いるい
  - 作業衣 작업복 / さぎょうい
  - 着衣 옷을 입음 / ちゃくい
- 훈독 **ころも**
  - 衣 옷 / ころも
  - 衣替え 옷을 갈아입음 / ころもがえ

---

**003: N2**

## 依
의지할 **의**
イ | 8

- 음독 **い / え**
  - 依然 의연, 여전 / いぜん
  - 依存 의존 / いそん
  - 依頼 의뢰 / いらい
  - 帰依 귀의 / きえ
- 훈독 —

---

**004: N2**

## 委
맡길 **위**
女 | 8

- 음독 **い**
  - 委員会 위원회 / いいんかい
  - 委員長 위원장 / いいんちょう
  - 委託 위탁 / いたく
  - 委任 위임 / いにん
  - 学級委員 학급위원 / がっきゅういいん
- 훈독 —

---

**005: N2**

## 偉
클/훌륭할 **위**
イ | 12

- 음독 **い**
  - 偉業 위업 / いぎょう
  - 偉人 위인 / いじん
  - 偉大 위대 / いだい
  - 偉容 위용 / いよう
- 훈독 **えらい**
  - 偉い 훌륭하다 / えら

일본한자 | 부수와 총 획수          음독과 훈독

## 006: N2
### 違
어긋날 위
辶 | 12

**음독 い**
違憲 위헌 (いけん)    違反 위반 (いはん)    違法 위법 (いほう)    違約 위약 (いやく)
違和感 위화감 (いわかん)    相違 상위, 틀림 (そうい)

**훈독 ちがう / ちがえる**
違う 다르다 (ちが)    間違い 틀림, 실수 (まちが)    違える 달리하다, 잘못 알다, 위반하다 (ちが)

## 007: N2
### 域
지경 역
土 | 11

**음독 いき**
海域 해역 (かいいき)    区域 구역 (くいき)    地域 지역 (ちいき)    領域 영역 (りょういき)

**훈독 -**

## 008: N2
### 印
도장 인
卩 | 6

**음독 いん**
印鑑 인감 (いんかん)    印刷 인쇄 (いんさつ)    印象 인상 (いんしょう)    消印 소인 (けしいん)
実印 인감 도장 (じついん)    調印 조인 (ちょういん)

**훈독 しるし**
印 표, 상징, 표시 (しるし)    目印 표시, 표적 (めじるし)    矢印 화살표 (やじるし)

## 009: N2
### 栄
꽃/영화로울 영
木 | 9
(榮)

**음독 えい**
栄光 영광 (えいこう)    栄転 영전 (えいてん)    栄養 영양 (えいよう)    光栄 영광 (こうえい)

**훈독 さかえる / はえ / はえる**
栄える 번영하다 (さか)    見栄え 보기에 좋음, 좋게 보임 (みば)    栄える 훌륭하다 (は)

## 010: N2
### 鋭
날카로울 예
金 | 15
(銳)

**음독 えい**
鋭敏 예민 (えいびん)    鋭利 예리 (えいり)    新鋭 신예 (しんえい)    精鋭 정예 (せいえい)

**훈독 するどい**
鋭い 날카롭다 (するど)

N2 필수한자 421자 관련어휘

## 011: N2

**液** 진 액
氵 | 11

**음독** えき
- 胃液 위액 いえき
- 液化ガス 액화가스 えきか
- 液状 액상 えきじょう
- 液体 액체 えきたい
- 血液 혈액 けつえき
- 樹液 수액 じゅえき
- 消毒液 소독액 しょうどくえき
- 体液 체액 たいえき

**훈독** —

## 012: N2

**越** 넘을 월
走 | 12

**음독** えつ
- 越境 월경 えっきょう
- 越権 월권 えっけん
- 卓越 탁월 たくえつ
- 超越 초월 ちょうえつ
- 優越 우월 ゆうえつ

**훈독** こす / こえる
- 越す 넘다, 넘기다, 건너다, 앞지르다, 이사하다 こ
- 年越しそば 섣달 그믐날이나 입춘 전날의 밤에 먹는 메밀국수 としこ
- 引っ越し 이사 ひこ
- 越える 넘다, 뛰어나다, 초월하다 こ

## 013: N2

**延** 끌/늘일 연
廴 | 7

**음독** えん
- 延期 연기 えんき
- 延焼 연소 えんしょう
- 延着 연착 えんちゃく
- 延長 연장 えんちょう
- 順延 순연 じゅんえん

**훈독** のびる / のべる / のばす
- 延びる (시간이) 연장되다, 늘어나다 の
- 延べる 늘이다, 연기하다 の
- 延ばす 연장하다, 연기하다 の

## 014: N2

**塩** 소금 염
土 | 13

**음독** えん
- 塩田 염전 えんでん
- 塩分 염분 えんぶん
- 食塩 식염 しょくえん
- 製塩 제염 せいえん

**훈독** しお
- 塩 소금 しお
- 塩加減 간 しおかげん
- 塩辛い 짜다 しおから
- 塩水 소금물 しおみず

## 015: N2

**演** 펼 연
氵 | 14

**음독** えん
- 演技 연기 えんぎ
- 演劇 연극 えんげき
- 演習 연습 えんしゅう
- 演説 연설 えんぜつ
- 演奏 연주 えんそう
- 講演 강연 こうえん
- 実演 실제로 해보임 じつえん
- 主演 주연 しゅえん
- 出演 출연 しゅつえん

**훈독** —

## 016: N2

**応**
응할 응
心 | 7

應

**음독** おう

応答 응답
おうとう

応募 응모
おうぼ

応用 응용
おうよう

呼応 호응
こおう

対応 대응
たいおう

適応 적응
てきおう

臨機応変 임기응변
りんきおうへん

**훈독** こたえる

応える 부응하다, 보답하다
こた

◆ 反応 반응
はんのう

## 017: N2

**押**
누를 압
扌 | 8

**음독** おう

押印 압인
おういん

押収 압수
おうしゅう

押送 압송
おうそう

**훈독** おす / おさえる

押す 밀다, 누르다, 무리하게 하다
お

押し入れ 벽장
お い

押し売り 강매
お う

押える 누르다, 잡다, 압류하다
おさ

## 018: N2

**欧**
구라파/토할 구
欠 | 8

歐

**음독** おう

欧州 구주
おうしゅう

欧米 구미
おうべい

西欧 서구
せいおう

**훈독** —

## 019: N2

**奥**
속 오
大 | 12

奧

**음독** おう

深奥 심오
しんおう

**훈독** おく

奥 속, 깊숙한 안쪽
おく

奥様 남의 아내의 높임말
おくさま

奥地 오지, 벽지
おくち

奥歯 어금니
おくば

奥行き 깊이
おくゆ

## 020: N2

**横** 가로 횡
木 | 15
(横)

**음독** おう
- 横断 횡단 / おうだん
- 横着 뻔뻔스러움 / おうちゃく
- 縦横 종횡 / じゅうおう

**훈독** よこ
- 横 옆 / よこ
- 横顔 옆얼굴 / よこがお
- 横書き 가로쓰기 / よこがき
- 横切る 가로지르다 / よこぎる
- 横町 옆길, 골목 / よこちょう
- 横取り 횡령 / よこどり

## 021: N2

**億** 억 억
イ | 15

**음독** おく
- 一億 1억 / いちおく
- 億万長者 억만장자 / おくまんちょうじゃ

**훈독** —

## 022: N2

**仮** 거짓 가
イ | 6
(假)

**음독** か / け
- 仮説 가설 / かせつ
- 仮定 가정 / かてい
- 仮面 가면 / かめん
- 仮病 꾀병 / けびょう

**훈독** かり
- 仮に 가령 / かりに
- 仮住まい 임시거처 / かりずまい

## 023: N2

**河** 물 하
氵 | 8

**음독** か
- 運河 운하 / うんが
- 河口 하구 / かこう
- 河川 하천 / かせん
- 山河 산하 / さんが
- 銀河 은하 / ぎんが
- 大河 대하 / たいが
- 氷河 빙하 / ひょうが

**훈독** かわ
- 河 강 / かわ
- 河原 모래밭이나 자갈밭 / かわら

## 024: N2

**科** 과목 과
禾 | 9

**음독** か
- 科学 과학 / かがく
- 学科 학과 / がっか
- 科目 과목 / かもく
- 眼科 안과 / がんか
- 教科書 교과서 / きょうかしょ
- 歯科 치과 / しか
- 内科 내과 / ないか
- 理科 이과 / りか

**훈독** —

## 025: N2

**菓** 과자 과
艹 | 11

**음독** か
- 菓子 과자 かし
- 製菓 제과 せいか
- 茶菓 다과 ちゃか
- 和菓子 일본식 과자 わがし

**훈독** —

## 026: N2

**貨** 재물 화
貝 | 11

**음독** か
- 貨物 화물 かもつ
- 金貨 금화 きんか
- 財貨 재화 ざいか
- 雑貨 잡화 ざっか
- 通貨 통화 つうか

**훈독** —

## 027: N2

**靴** 신 화
革 | 13

**음독** か
- 軍靴 군화 ぐんか
- 製靴 제화 せいか

**훈독** くつ
- 靴 신발, 구두 くつ
- 運動靴 운동화 うんどうぐつ
- 靴下 양말 くつした
- 長靴 장화 ながぐつ

## 028: N2

**介** 낄 개
人 | 4

**음독** かい
- 一介 일개, 한낱 いっかい
- 介護 간호, 병구완 かいご
- 介在 개재, 사이에 낌 かいざい
- 介入 개입 かいにゅう
- 仲介 중개 ちゅうかい

**훈독** —

## 029: N2

**灰** 재 회
火 | 6

**음독** かい
- 石灰 석회 せっかい

**훈독** はい
- 灰 재 はい
- 灰色 회색 はいいろ
- 灰皿 재떨이 はいざら

## 030: N2
### 快
쾌할 쾌
忄 | 7

**음독** かい
- 快活 쾌활 かいかつ
- 快挙 쾌거 かいきょ
- 快晴 쾌청 かいせい
- 快速 쾌속 かいそく
- 快調 쾌조 かいちょう
- 快適 쾌적 かいてき
- 軽快 경쾌 けいかい
- 痛快 통쾌 つうかい
- 明快 명쾌 めいかい

**훈독** こころよい
- 快い 상쾌하다 こころよ

## 031: N2
### 改
고칠 개
攵 | 7

**음독** かい
- 改革 개혁 かいかく
- 改心 뉘우침 かいしん
- 改正 개정 かいせい
- 改善 개선 かいぜん
- 改造 개조 かいぞう
- 改定 개정 かいてい
- 改良 개량 かいりょう

**훈독** あらためる / あらたまる
- 改める 고치다, 바꾸다 あらた
- 改めて 새삼스럽게 あらた
- 改まる 고쳐지다, 바뀌다 あらた

## 032: N2
### 皆
다 개
白 | 9

**음독** かい
- 皆既 개기, 개기일식과 월식 かいき
- 皆勤 개근 かいきん
- 皆無 전혀 없음 かいむ

**훈독** みな
- 皆 모두 みな
- 皆殺し 몰살 みなごろ
- 皆様 여러분 みなさま

## 033: N2
### 階
섬돌 계
阝 | 12

**음독** かい
- 音階 음계 おんかい
- 階級 계급 かいきゅう
- 階上 계단 위 かいじょう
- 階層 계층 かいそう
- 階段 계단 かいだん
- 段階 단계 だんかい
- 二階建て 2층 건물 にかいだ

**훈독** —

## 034: N2
### 害
해할 해
宀 | 10

**음독** がい
- 害 해 がい
- 害悪 해악 がいあく
- 害虫 해충 がいちゅう
- 害毒 해독 がいどく
- 公害 공해 こうがい
- 災害 재해 さいがい
- 障害 장해 しょうがい
- 水害 수해 すいがい
- 損害 손해 そんがい
- 冷害 냉해 れいがい

**훈독** —

## 035: N2

**角** 뿔 각
角 | 7

**음독** かく
- 角度 각도 (かくど)
- 三角 삼각 (さんかく)
- 四角い 네모지다 (しかくい)
- 直角 직각 (ちょっかく)
- 頭角 두각 (とうかく)
- 方角 (동서남북의) 방위, 방향 (ほうがく)

**훈독** かど / つの
- 角 모서리, 모퉁이, 성질이 모남 (かど)
- 街角 길모퉁이 (まちかど)
- 四つ角 네거리 (よつかど)
- 角 뿔 (つの)

## 036: N2

**拡** 넓힐 확
扌 | 8
擴

**음독** かく
- 拡散 확산 (かくさん)
- 拡声器 확성기 (かくせいき)
- 拡大 확대 (かくだい)
- 拡張 확장 (かくちょう)

**훈독** —

## 037: N2

**覚** 깨달을 각
見 | 12
覺

**음독** かく
- 覚悟 각오 (かくご)
- 覚醒 각성 (かくせい)
- 感覚 감각 (かんかく)
- 視覚 시각 (しかく)
- 自覚 자각 (じかく)
- 知覚 지각 (ちかく)
- 発覚 발각 (はっかく)
- 不覚 불찰, 무의식 (ふかく)
- 味覚 미각 (みかく)

**훈독** おぼえる / さます / さめる
- 覚える 외우다 (おぼ)
- 覚ます 잠을 깨우다 (さ)
- 覚める 잠이 깨다 (さ)

## 038: N2

**較** 비교할 교
車 | 13

**음독** かく
- 比較 비교 (ひかく)

**훈독** —

## 039: N2

**確** 굳을 확
石 | 15

**음독** かく
- 確信 확신 (かくしん)
- 確定 확정 (かくてい)
- 確認 확인 (かくにん)
- 確保 확보 (かくほ)
- 確率 확률 (かくりつ)
- 正確 정확 (せいかく)
- 的確 정확함 (てきかく)
- 明確 명확 (めいかく)

**훈독** たしか / たしかめる
- 確か 정확함 (たし)
- 確かめる 확인하다 (たし)

## 040: N2

**額** 이마 액
額 | 18

**음독** がく

差額 차액
さ がく

残額 잔액
ざんがく

全額 전액
ぜんがく

総額 총액
そうがく

多額 다액, 고액
た がく

定額 정액
ていがく

半額 반액
はんがく

**훈독** ひたい

額 이마
ひたい

## 041: N2

**掛** 걸 괘
扌 | 11

**음독** —

**훈독** かける / かかる / かかり

掛ける 걸다, 씌우다, 끼치다, 들이다, 가하다
か

売掛け 외상 판매
うり か

掛かる 걸리다, 회부되다, 걸려들다, 소요되다, 치료받다
か

掛かり 걸림, 비용, 구조
か

手掛かり 단서, 실마리
て が

## 042: N2

**汗** 땀 한
氵 | 6

**음독** かん

発汗 발한, 땀을 냄
はっかん

**훈독** あせ

汗 땀
あせ

冷汗 식은 땀
ひやあせ

## 043: N2

**缶** 장군 부
두레박 관
缶 | 6
罐

**음독** かん

空き缶 빈 깡통
あ かん

缶切り 캔 따개
かん き

缶詰 통조림
かんづめ

ドラム缶 드럼통
かん

**훈독** —

## 044: N2

**巻** 책 권
己 | 9

- 음독 **かん**
  - 圧巻 압권 あっかん
  - 巻数 권수 かんすう
  - 上巻 상권 じょうかん
- 훈독 **まく / まき**
  - 巻く 감다 ま
  - 巻き物 두루마리 ま もの

## 045: N2

**看** 볼 간
目 | 9

- 음독 **かん**
  - 看過 간과 かんか
  - 看護 간호 かんご
  - 看守 간수 かんしゅ
  - 看破 간파 かんぱ
  - 看板 간판 かんばん
  - 看病 간병 かんびょう
- 훈독 —

## 046: N2

**乾** 마를 건
乙 | 11

- 음독 **かん**
  - 乾燥 건조 かんそう
  - 乾電池 건전지 かんでんち
  - 乾物 말린 식품 かんぶつ
- 훈독 **かわく / かわかす**
  - 乾く 마르다 かわ
  - 乾かす 말리다 かわ

## 047: N2

**患** 근심 환
心 | 11

- 음독 **かん**
  - 外患 외래환자 がいかん
  - 患者 환자 かんじゃ
  - 患部 환부 かんぶ
  - 急患 급환 きゅうかん
- 훈독 **わずらう**
  - 患う 앓다 わずら

## 048: N2

**換** 바꿀 환
扌 | 12

- 음독 **かん**
  - 換気 환기 かんき
  - 換算 환산 かんさん
  - 交換 교환 こうかん
  - 転換 전환 てんかん
- 훈독 **かえる / かわる**
  - 換える 바꾸다 か
  - 乗り換え 갈아탐 の か
  - 換わる 바뀌다 か

## 049: N2

# 感
느낄 감
心 | 13

**음독** かん

- 感覚 감각 かんかく
- 感情 감정 かんじょう
- 感心 감탄 かんしん
- 感想 감상 かんそう
- 感動 감동 かんどう
- 責任感 책임감 せきにんかん
- 直感 직감 ちょっかん
- 予感 예감 よかん

**훈독** —

## 050: N2

# 管
대롱 관
竹 | 14

**음독** かん

- 管楽器 관악기 かんがっき
- 管制 관제 かんせい
- 管理 관리 かんり
- 気管 기관 きかん
- 血管 혈관 けっかん
- 水道管 수도관 すいどうかん

**훈독** くだ

- 管 대롱, 관 くだ

## 051: N2

# 含
머금을 함
口 | 7

**음독** がん

- 含蓄 함축 がんちく
- 含有 함유 がんゆう
- 包含 포함 ほうがん

**훈독** ふくむ / ふくめる

- 含む 머금다, 포함하다 ふく
- 含める 포함하다, 타이르다 ふく

## 052: N2

# 岸
언덕 안
山 | 8

**음독** がん

- 沿岸 연안 えんがん
- 海岸 해안 かいがん
- 湖岸 호숫가 こがん

**훈독** きし

- 岸 물가, 벼랑 きし
- 川岸 강가 かわぎし
- 岸辺 물가 きしべ

## 053: N2

# 危
위태할 위
卩 | 6

**음독** き

- 危害 위해 きがい
- 危機 위기 きき
- 危険 위험 きけん

**훈독** あぶない / あやうい / あやぶむ

- 危ない 위험하다 あぶ
- 危うい 위태로움 あや
- 危ぶむ 의심하다, 걱정하다 あや

## 054: N2
### 希
바랄 희
巾 | 7

**음독** き
希少 きしょう 희소　希薄 きはく 희박　希望 きぼう 희망

**훈독** –

## 055: N2
### 祈
빌 기
示 | 8

**음독** き
祈願 きがん 기원　祈祷 きとう 기도　祈念 きねん 기념

**훈독** いのる
祈る いのる 빌다, 기원하다

## 056: N2
### 記
기록할 기
言 | 10

**음독** き
暗記 あんき 암기　記号 きごう 기호　記事 きじ 기사　記入 きにゅう 기입
記念 きねん 기념　記録 きろく 기록　伝記 でんき 전기　日記 にっき 일기

**훈독** しるす
記す しるす 기록하다　書き記す かきしるす 쓰다

## 057: N2
### 基
터 기
土 | 11

**음독** き
基幹産業 きかんさんぎょう 기간산업　基金 ききん 기금　基準 きじゅん 기준　基地 きち 기지
基調 きちょう 기조　基本 きほん 기본

**훈독** もと / もとい
基 もと 근원　基づく もとづく 근거하다, 입각하다　基 もとい 토대, 기초

## 058: N2
### 寄
부칠 기
宀 | 11

**음독** き
寄稿 きこう 기고　寄宿舎 きしゅくしゃ 기숙사　寄生虫 きせいちゅう 기생충　寄付 きふ 기부

**훈독** よる / よせる
寄る よる 다가서다, 모이다, 비키다, 들르다　寄り道 よりみち 가는 길에 들름
寄せる よせる 다가오다, 가까이 대다, 사모하다, 보내다

## 059: N2

**規** 법 규
見 | 11

**음독** き
- 規格 규격 きかく
- 規制 규제 きせい
- 規則 규칙 きそく
- 規模 규모 きぼ
- 規約 규약 きやく
- 規律 규율 きりつ
- 定規 자 じょうぎ
- 法規 법규 ほうき

**훈독** —

## 060: N2

**喜** 기쁠 희
口 | 12

**음독** き
- 歓喜 환희 かんき
- 喜劇 희극 きげき
- 喜色満面 희색만면 きしょくまんめん

**훈독** よろこぶ
- 喜ぶ 기뻐하다 よろこ
- 大喜び 매우 기뻐함 おおよろこ

## 061: N2

**幾** 몇 기
幺 | 12

**음독** き
- 幾何 기하 きか

**훈독** いく
- 幾つ 몇 개 いく
- 幾度 몇 번 いくど
- 幾ら 얼마 いく

## 062: N2

**器** 그릇 기
口 | 15
器

**음독** き
- 楽器 악기 がっき
- 器具 기구 きぐ
- 器用 손재주가 있음 きよう
- 器量 기량 きりょう
- 受話器 수화기 じゅわき
- 食器 식기 しょっき
- 武器 무기 ぶき
- 不器用 솜씨가 서투름, 일처리가 서투름 ぶきよう
- 容器 용기 ようき

**훈독** うつわ
- 器 그릇 うつわ

## 063: N2

**技** 재주 기
扌 | 7

**음독** ぎ
- 演技 연기 えんぎ
- 技師 기사 ぎし
- 技術 기술 ぎじゅつ
- 技能 기능 ぎのう
- 技法 기법 ぎほう
- 球技 구기 きゅうぎ
- 競技 경기 きょうぎ
- 実技 실기 じつぎ
- 特技 특기 とくぎ

**훈독** わざ
- 技 기술, 기예 わざ

## 064: N2

**疑** 의심할 의
疋 | 14

**음독** ぎ

疑似 (ぎじ) 유사, 매우 닮음
疑問 (ぎもん) 의문
質疑応答 (しつぎおうとう) 질의응답
半信半疑 (はんしんはんぎ) 반신반의
容疑者 (ようぎしゃ) 용의자

**훈독** うたがう

疑う (うたがう) 의심하다

---

## 065: N2

**議** 의논할 의
言 | 20

**음독** ぎ

異議 (いぎ) 이의
会議 (かいぎ) 회의
議会 (ぎかい) 의회
議決 (ぎけつ) 의결
議席 (ぎせき) 의석
議題 (ぎだい) 의제
協議 (きょうぎ) 협의
議論 (ぎろん) 의논
討議 (とうぎ) 토의
不思議 (ふしぎ) 불가사의

**훈독** —

---

## 066: N2

**喫** 먹을 끽
口 | 12
喫

**음독** きつ

喫煙 (きつえん) 끽연, 흡연
喫茶店 (きっさてん) 찻집
満喫 (まんきつ) 만끽

**훈독** —

---

## 067: N2

**詰** 물을/꾸짖을 힐
言 | 13

**음독** きつ

詰問 (きつもん) 힐문
難詰 (なんきつ) 힐난
面詰 (めんきつ) 면힐, 면전에서 죄·과오 등을 나무람

**훈독** つめる / つまる / つむ

詰める (つめる) 채우다, 좁히다, 절약하다, 매듭짓다
缶詰 (かんづめ) 통조림
詰まる (つまる) 가득 차다, 막히다, 줄어들다, 궁해지다
詰む (つむ) 막히다, 촘촘하다

## 068: N2

**逆** 거스를 역
辶 | 9

**음독** ぎゃく
- 逆算 역산 ぎゃくさん
- 逆転 역전 ぎゃくてん
- 逆流 역류 ぎゃくりゅう
- 逆境 역경 ぎゃっきょう
- 反逆 반역 はんぎゃく

**훈독** さか / さからう
- 逆さま 거꾸로 됨 さか
- 逆立ち 물구나무 서기 さかだ
- 逆らう 거스르다 さか

## 069: N2

**求** 구할 구
氺 | 7

**음독** きゅう
- 求職 구직 きゅうしょく
- 求人 구인 きゅうじん
- 探求 탐구 たんきゅう
- 追求 추구 ついきゅう
- 要求 요구 ようきゅう
- 欲求 욕구 よっきゅう

**훈독** もとめる
- 求める 구하다, 요구하다 もと

## 070: N2

**泣** 울 읍
氵 | 8

**음독** きゅう
- 感泣 감읍, 감격하여 욺 かんきゅう
- 号泣 소리 높여 욺 ごうきゅう

**훈독** なく
- 泣く 울다 な
- 泣き声 울음소리 なごえ
- 泣き笑い 울다가 웃음 なわら
- 夜泣き 젖먹이가 밤에 욺 よな

## 071: N2

**級** 등급 급
糸 | 9

**음독** きゅう
- 階級 계급 かいきゅう
- 学級 학급 がっきゅう
- 高級 고급 こうきゅう
- 初級 초급 しょきゅう
- 進級 진급 しんきゅう
- 中級 중급 ちゅうきゅう
- 等級 등급 とうきゅう
- 同級生 동급생 どうきゅうせい

**훈독** —

## 072: N2

**救** 구원할 구
攵 | 11

**음독** きゅう
- 救急車 구급차 きゅうきゅうしゃ
- 救護 구호 きゅうご
- 救済 구제 きゅうさい
- 救出 구출 きゅうしゅつ
- 救助 구조 きゅうじょ
- 救世主 구세주 きゅうせいしゅ
- 救命 구명 きゅうめい

**훈독** すくう
- 救う 구하다 すく

## 073: N2
**球** 공 구
王 | 11

**음독** きゅう
- 眼球 안구 がんきゅう
- 気球 기구 ききゅう
- 球技 구기 きゅうぎ
- 球場 구장 きゅうじょう
- 地球 지구 ちきゅう
- 電球 전구 でんきゅう
- 野球 야구 やきゅう

**훈독** たま
- 球 공 たま

## 074: N2
**給** 줄 급
糸 | 12

**음독** きゅう
- 給仕 급사 きゅうじ
- 給食 급식 きゅうしょく
- 給水 급수 きゅうすい
- 給油 급유 きゅうゆ
- 給料 급료 きゅうりょう
- 月給 월급 げっきゅう
- 支給 지급 しきゅう
- 配給 배급 はいきゅう

**훈독** —

## 075: N2
**御** 거느릴 어
彳 | 12

**음독** ぎょ / ご
- 制御 제어 せいぎょ
- 防御 방어 ぼうぎょ
- 御飯 밥 ごはん
- 御免 용서 ごめん
- 御用 일, 볼일의 높임말 ごよう

**훈독** おん
- 御中 귀중 おんちゅう

## 076: N2
**漁** 고기잡을 어
氵 | 14

**음독** ぎょ / りょう
- 漁業 어업 ぎょぎょう
- 漁港 어항 ぎょこう
- 漁船 어선 ぎょせん
- 漁村 어촌 ぎょそん
- 大漁 풍어 たいりょう
- 豊漁 풍어 ほうりょう
- 漁師 어부 りょうし

**훈독** —

## 077: N2
**叫** 부르짖을 규
口 | 6

**음독** きょう
- 阿鼻叫喚 아비규환 あびきょうかん
- 絶叫 절규 ぜっきょう

**훈독** さけぶ
- 叫ぶ 외치다, 부르짖다 さけ

## 078: N2

**供**
이바지할 공
イ | 8

**음독** きょう / く

供給 공급
きょうきゅう

供述 공술
きょうじゅつ

提供 제공
ていきょう

供養 공양
く よう

**훈독** そなえる / とも

供える 신불에게 올리다
そな

子供 어린이
こども

## 079: N2

**協**
화합할 협
十 | 8

**음독** きょう

協会 협회
きょうかい

協議 협의
きょう ぎ

協調 협조
きょうちょう

協定 협정
きょうてい

協同組合 협동조합
きょうどうくみあい

協約 협약
きょうやく

協力 협력
きょうりょく

不協和音 불협화음
ふ きょう わ おん

**훈독** —

## 080: N2

**況**
상황 황
氵 | 8

**음독** きょう

概況 대개의 상황
がいきょう

実況 실황
じっきょう

状況 상황
じょうきょう

盛況 성황
せいきょう

不況 불황
ふ きょう

**훈독** —

## 081: N2

**挾**
낄 협
| 9
挟

**음독** きょう

挟撃 협곡
きょうげき

**훈독** はさむ / はさまる

挟む 끼우다
はさ

挟み撃ち 협공
はさ う

挟まる 사이에 끼이다
はさ

## 082: N2

**狹**
좁을 협
犭 | 9
狭

**음독** きょう

狭義 협의
きょう ぎ

狭心症 협심증
きょうしんしょう

偏狭 편협
へんきょう

**훈독** せまい / せばめる / せばまる

狭い 좁다
せま

狭める 좁히다
せば

狭まる 좁혀지다
せば

## 083: N2
# 恐
두려울 공
心 | 10

**음독** きょう
恐縮 송구스러워함
きょうしゅく

**훈독** おそれる / おそろしい
恐れる 두려워하다, 우려하다
おそ
恐ろしい 무섭다, 놀랍다, 대단하다
おそ

## 084: N2
# 胸
가슴 흉
月 | 10

**음독** きょう
胸囲 흉위, 가슴둘레   胸像 흉상   胸中 가슴 속   胸部 흉부
きょうい         きょうぞう    きょうちゅう    きょうぶ
度胸 배짱
どきょう

**훈독** むね / むな
胸 가슴   胸騒ぎ 가슴이 두근거림
むね      むなさわ

## 085: N2
# 境
지경 경
土 | 14

**음독** きょう / けい
境界 경계   境地 경지   国境 국경   秘境 비경   境内 경내
きょうかい   きょうち   こっきょう   ひきょう   けいだい

**훈독** さかい
境 경계   境目 갈림길
さかい    さかいめ

## 086: N2
# 橋
다리 교
木 | 16

**음독** きょう
鉄橋 철교   歩道橋 육교
てっきょう   ほどうきょう

**훈독** はし
橋 다리   石橋 돌다리
はし      いしばし

## 087: N2
# 競
다툴 경
立 | 20

**음독** きょう / けい
競演 경연, 연기를 겨룸   競技 경기   競争 경쟁   競馬 경매
きょうえん             きょうぎ   きょうそう   けいば
競輪 경륜
けいりん

**훈독** きそう / せる
競う 경쟁하다   競る 겨루다   競り市 경매시장
きそ          せ          せりいち

## 088: N2

**極** 극진할 극
木 | 12

**음독** きょく / ごく

極限 극한 きょくげん　積極的 적극적 せっきょくてき　南極 남극 なんきょく　北極 북극 ほっきょく
極楽 극락 ごくらく

**훈독** きわめる / きわまる / きわみ

極める 끝까지 가다 きわ　極まる 다하다 きわ　極み 끝, 극도 きわ

## 089: N2

**均** 고를 균
土 | 7

**음독** きん

均一 균일 きんいつ　均質 균질 きんしつ　均等 균등 きんとう　平均 평균 へいきん

**훈독** ならす

均す 고르게 하다 なら

## 090: N2

**勤** 부지런할 근
力 | 12

**음독** きん / ごん

勤続 근속 きんぞく　勤勉 근면 きんべん　勤務 근무 きん む　勤労 근로 きんろう
出勤 출근 しゅっきん　通勤 통근 つうきん　転勤 전근 てんきん

**훈독** つとめる / つとまる

勤める 근무하다 つと　勤まる 그 직무를 감당해 내다 つと

## 091: N2

**禁** 금할 금
示 | 13

**음독** きん

解禁 해금 かいきん　禁煙 금연 きんえん　禁止 금지 きん し　禁酒 금주 きんしゅ
厳禁 엄금 げんきん　立ち入り禁止 출입금지 た い きん し

**훈독** —

## 092: N2

**偶** 짝 우
亻 | 11

**음독** ぐう

偶数 짝수 ぐうすう　偶然 우연 ぐうぜん　偶像 우상 ぐうぞう　偶発 우발 ぐうはつ
配偶者 배우자 はいぐうしゃ

**훈독** —

| 일본한자 | 부수와 총 획수 | 음독과 훈독 |

---

**093: N2**

# 隅
모퉁이 우
阝 | 12

**음독** ぐう
一隅 한 모퉁이, 구석
いちぐう

**훈독** すみ
隅 구석　片隅 한쪽 구석　隅々 구석구석
すみ　　かたすみ　　　　すみずみ

---

**094: N2**

# 掘
팔 굴
扌 | 11

**음독** くつ
掘削 굴삭　採掘 채굴　発掘 발굴
くっさく　さいくつ　　はっくつ

**훈독** ほる
掘る 파다
ほ

---

**095: N2**

# 訓
가르칠 훈
言 | 10

**음독** くん
音訓 음훈　家訓 가훈　教訓 교훈　訓示 훈시
おんくん　かくん　　きょうくん　くんじ
訓読 훈독　訓練 훈련
くんどく　くんれん

**훈독** —

---

**096: N2**

# 群
무리 군
羊 | 13

**음독** ぐん
群衆 군중　群集 군집　大群 대군
ぐんしゅう　ぐんしゅう　　たいぐん

**훈독** むれる / むれ / むら
群れる 군집하다　群れ 무리　群 무리
む　　　　　　　　む　　　　　むら

---

**097: N2**

# 敬
공경 경
攵 | 12

**음독** けい
敬愛 경애　敬意 경의　敬遠 경원　敬語 경어
けいあい　けいい　　けいえん　　けいご
敬礼 경례　敬老の日 경로의 날　尊敬 존경
けいれい　けいろう　ひ　　　　　そんけい

**훈독** うやまう
敬う 공경하다
うやま

## 098: N2

**傾** 기울 경
イ | 13

**음독** けい
- 傾向 경향 けいこう
- 傾斜 경사 けいしゃ
- 傾聴 경청 けいちょう
- 傾倒 경도, 심취함 けいとう

**훈독** かたむく / かたむける
- 傾く 기울다 かたむ
- 傾ける 기울이다 かたむ

## 099: N2

**警** 깨우칠/경계할 경
言 | 19

**음독** けい
- 警戒 경계 けいかい
- 警官 경관 けいかん
- 警告 경고 けいこく
- 警察 경찰 けいさつ
- 警視庁 경시청 けいしちょう
- 警笛 경적 けいてき
- 警備 경비 けいび
- 警報 경보 けいほう

**훈독** —

## 100: N2

**芸** 재주/심을 예
艹 | 7

**음독** げい
- 園芸 원예 えんげい
- 曲芸 곡예 きょくげい
- 芸術 예술 げいじゅつ
- 芸人 연예인 げいにん
- 芸能 예능 げいのう
- 工芸 공예 こうげい
- 手芸 수예 しゅげい
- 文芸 문예 ぶんげい

**훈독** —

## 101: N2

**劇** 심할 극
刂 | 15

**음독** げき
- 演劇 연극 えんげき
- 喜劇 희극 きげき
- 劇作家 극작가 げきさっか
- 劇場 극장 げきじょう
- 劇団 극단 げきだん
- 劇薬 극약 げきやく
- 時代劇 시대극 じだいげき
- 悲劇 비극 ひげき

**훈독** —

## 102: N2

**結** 맺을 결
糸 | 12

**음독** けつ
- 完結 완결 かんけつ
- 結果 결과 けっか
- 結局 결국 けっきょく
- 結成 결성 けっせい
- 結束 결속 けっそく
- 結末 결말 けつまつ
- 結論 결론 けつろん
- 集結 집결 しゅうけつ
- 団結 단결 だんけつ
- 連結 연결 れんけつ

**훈독** むすぶ / ゆう / ゆわえる
- 結ぶ 맺다 むす
- 結う 묶다 ゆ
- 結わえる 매다, 묶다 ゆ

## 103: N2

**軒** 집 헌
車 | 10

- 음독 **けん**
  - 一軒(いっけん) 한 채
  - 軒数(けんすう) (집의) 호수
- 훈독 **のき**
  - 軒(のき) 처마
  - 軒先(のきさき) 처마 끝
  - 軒並(のきなみ) 집집마다

## 104: N2

**健** 굳셀 건
イ | 11

- 음독 **けん**
  - 強健(きょうけん) 강건
  - 健康(けんこう) 건강
  - 健在(けんざい) 건재
  - 健全(けんぜん) 건전
  - 保健室(ほけんしつ) 보건실
- 훈독 **すこやか**
  - 健(すこ)やか 건강함, 건전함

## 105: N2

**険** 험할 험
阝 | 11

- 음독 **けん**
  - 危険(きけん) 위험
  - 険悪(けんあく) 험악
  - 冒険(ぼうけん) 모험
  - 保険(ほけん) 보험
- 훈독 **けわしい**
  - 険(けわ)しい 험난하다

## 106: N2

**検** 검사할 검
木 | 12

- 음독 **けん**
  - 検挙(けんきょ) 검거
  - 検査(けんさ) 검사
  - 検定(けんてい) 검정
  - 検討(けんとう) 검토
  - 探検(たんけん) 탐험
  - 点検(てんけん) 점검
- 훈독 —

## 107: N2

**権** 권세 권
木 | 15

- 음독 **けん / ごん**
  - 権限(けんげん) 권한
  - 権利(けんり) 권리
  - 権力(けんりょく) 권력
  - 市民権(しみんけん) 시민권
  - 実権(じっけん) 실권
  - 人権(じんけん) 인권
  - 政権(せいけん) 정권
  - 選挙権(せんきょけん) 선거권
  - 特権(とっけん) 특권
  - 権化(ごんげ) 권화, 화신
- 훈독 —

## 108: N2

**賢** 어질 현
貝 | 16

**음독** けん
- 賢人 현인 (けんじん)
- 賢母 현모 (けんぼ)
- 賢明 현명 (けんめい)
- 先賢 선현 (せんけん)

**훈독** かしこい
- 賢い 현명하다, 약다 (かしこ)

## 109: N2

**故** 연고 고
攵 | 9

**음독** こ
- 故意 고의 (こい)
- 故郷 고향 (こきょう)
- 故事 고사 (こじ)
- 故障 고장 (こしょう)
- 故人 고인 (こじん)
- 事故 사고 (じこ)

**훈독** ゆえ
- 故 까닭, 이유 (ゆえ)

## 110: N2

 마를 고
木 | 9

**음독** こ
- 栄枯 영고 (えいこ)
- 枯死 고사, 초목이 말라죽음 (こし)

**훈독** かれる/からす
- 枯れる 시들다 (か)
- 枯れ木 고목 (かき)
- 枯らす 시들게 하다 (か)

## 111: N2

**庫** 곳집 고
广 | 10

**음독** こ / く
- 金庫 금고 (きんこ)
- 在庫 재고 (ざいこ)
- 書庫 서고 (しょこ)
- 倉庫 창고 (そうこ)
- 貯蔵庫 저장고 (ちょぞうこ)
- 文庫 문고 (ぶんこ)
- 冷蔵庫 냉장고 (れいぞうこ)

**훈독** ―

## 112: N2

**湖** 호수 호
氵 | 12

**음독** こ
- 湖岸 호숫가 (こがん)
- 湖水 호수 (こすい)

**훈독** みずうみ
- 湖 호수 (みずうみ)

## 113: N2

**雇** 품 팔 고
隹 | 12

**음독** こ
解雇 해고 （かいこ）
雇用 고용 （こよう）

**훈독** やとう
雇う 고용하다 （やとう）
日雇い 일용, 날품팔이 （ひやとい）
雇い主 고용주 （やとぬし）

## 114: N2

**誤** 그르칠 오
言 | 14

**음독** ご
誤解 오해 （ごかい）
誤差 오차 （ごさ）
誤字 오자 （ごじ）
誤報 오보 （ごほう）
誤用 오용 （ごよう）

**훈독** あやまる
誤る 실수하다, 틀리다 （あやまる）

## 115: N2

**公** 공평할 공
八 | 4

**음독** こう
公開 공개 （こうかい）
公害 공해 （こうがい）
公私 공사 （こうし）
公式 공식 （こうしき）
公衆 공중 （こうしゅう）
公正 공정 （こうせい）
公平 공평 （こうへい）
公立 공립 （こうりつ）
主人公 주인공 （しゅじんこう）

**훈독** おおやけ
公 국가, 정부 （おおやけ）

## 116: N2

**更** 다시 갱 / 고칠 경
日 | 7

**음독** こう
更新 갱신 （こうしん）
更迭 경질 （こうてつ）
変更 변경 （へんこう）

**훈독** さら / ふける / ふかす
今更 이제 와서 （いまさら）
更に 더욱더 （さらに）
更ける 깊어지다 （ふける）
夜更け 심야 （よふけ）
更かす 밤늦도록 깨어 있다 （ふかす）

## 117: N2
**効** 본받을 효
力 | 8

**음독** こう
- 効果 효과 こうか
- 効能 효능 こうのう
- 効用 효용 こうよう
- 効率 효율 こうりつ
- 効力 효력 こうりょく
- 特効薬 특효약 とっこうやく
- 無効 무효 むこう

**훈독** きく
- 効く 효력이 있다 き

(effect glyph: 效)

## 118: N2
**肯** 즐길 긍
月 | 8

**음독** こう
- 肯定 긍정 こうてい
- 首肯 수긍 しゅこう

**훈독** —

## 119: N2
**厚** 두터울 후
厂 | 9

**음독** こう
- 温厚 온후 おんこう
- 厚意 후의 こうい

**훈독** あつい
- 厚い 두껍다 あつ
- 厚紙 두꺼운 종이, 판지 あつがみ
- 厚着 옷을 많이 껴입음 あつぎ
- 分厚い 두껍다 ぶあつ

## 120: N2
**紅** 붉을 홍
糸 | 9

**음독** こう / く
- 紅茶 홍차 こうちゃ
- 紅潮 홍조 こうちょう
- 紅白 홍백 こうはく
- 真紅 진홍 しんく

**훈독** べに / くれない
- 口紅 립스틱 くちべに
- 紅 다홍 くれない

## 121: N2
**荒** 거칠 황
艹 | 9

**음독** こう
- 荒天 황천 こうてん
- 荒廃 황폐 こうはい
- 荒野 황야 こうや
- 荒涼 황량 こうりょう

**훈독** あらい / あれる / あらす
- 荒い 거칠다 あら
- 荒波 거친 파도 あらなみ
- 荒れる 거칠어지다, 황폐해지다, 까칠까칠해지다 あ
- 荒れ地 황무지 あ ち
- 荒らす 망치다, 털다, 교란하다 あ

일본한자 | 부수와 총 획수 　　　　　　　　　음독과 훈독

## 122: N2
### 郊
들 교
阝 | 9

**음독** こう
- 近郊 근교 きんこう
- 郊外 교외 こうがい

**훈독** —

## 123: N2
### 候
기후 후
亻 | 10

**음독** こう
- 気候 기후 きこう
- 候補 후보 こうほ
- 測候所 측후소 そっこうじょ
- 兆候 징후, 징조, 조짐 ちょうこう
- 天候 일기, 날씨 てんこう
- 立候補 입후보 りっこうほ

**훈독** そうろう
- 居候 식객, 더부살이 いそうろう

## 124: N2
### 耕
밭 갈 경
耒 | 10

**음독** こう
- 耕運機 경운기 こううんき
- 耕作 경작 こうさく
- 耕地 경지 こうち
- 農耕 농경 のうこう

**훈독** たがやす
- 耕す 밭을 갈다 たがや

## 125: N2
### 航
배 항
舟 | 10

**음독** こう
- 欠航 결항 けっこう
- 航海 항해 こうかい
- 航空 항공 こうくう
- 航行 항행 こうこう
- 航路 항로 こうろ
- 就航 취항 しゅうこう
- 出航 출항 しゅっこう

**훈독** —

## 126: N2
### 降
내릴 강
항복할 항
阝 | 10

**음독** こう
- 以降 이후 いこう
- 下降 하강 かこう
- 降雨 강우 こうう
- 降下 강하 こうか
- 降参 항복 こうさん
- 降水量 강수량 こうすいりょう
- 降伏 항복 こうふく

**훈독** おりる / おろす / ふる
- 降りる (탈 것 등에서)내리다 お
- 降ろす 내리다, 내려놓다 お
- 降る (눈·비 등이)내리다 ふ

## 127: N2
### 康
편안 강
广 | 11

**음독** こう
- 健康 건강 けんこう
- 健康優良児 건강우량아 けんこうゆうりょうじ
- 小康状態 소강상태 しょうこうじょうたい

**훈독** −

## 128: N2
### 黄
누를 황
黄 | 11
黃

**음독** こう / おう
- 黄葉 가을이 되어 나뭇잎이 누렇게 물듦 こうよう
- 黄金 황금 おうごん
- 黄熱病 황열병 おうねつびょう

**훈독** き / こ
- 黄色い 노랗다 きいろ
- 黄身 계란 노란자 きみ

## 129: N2
### 硬
굳을 경
石 | 12

**음독** こう
- 強硬 강경 きょうこう
- 硬貨 경화 こうか
- 硬化 일본의 동전 こうか
- 硬直 경직 こうちょく
- 硬度 경도 こうど

**훈독** かたい
- 硬い 딱딱하다 かた

## 130: N2
### 鉱
쇳돌/광물 광
金 | 13
鑛

**음독** こう
- 金鉱 금광 きんこう
- 鉱山 광산 こうざん
- 鉱石 광석 こうせき
- 鉱物 광물 こうぶつ
- 鉱脈 광맥 こうみゃく
- 炭鉱 탄광 たんこう

**훈독** −

## 131: N2
### 構
얽을 구
木 | 14

**음독** こう
- 機構 기구 きこう
- 結構 훌륭함, 충분함, 다행임 けっこう
- 構図 구도 こうず
- 構成 구성 こうせい
- 構想 구상 こうそう
- 構造 구조 こうぞう
- 構築 구축 こうちく
- 構内 구내 こうない

**훈독** かまえる / かまう
- 構える 차리다, 자세를 취하다 かま
- 心構え 각오 こころがまえ
- 構う 상관하다 かま

## 132: N2 講
월 강
言 | 17

**음독** こう
- 開講 개강 (かいこう)
- 講演 강연 (こうえん)
- 講義 강의 (こうぎ)
- 講習 강습 (こうしゅう)
- 講堂 강당 (こうどう)
- 講評 강평 (こうひょう)
- 講和条約 강화조약 (こうわじょうやく)
- 受講 수강 (じゅこう)

**훈독** —

## 133: N2 刻
새길 각
刂 | 8

**음독** こく
- 刻印 각인 (こくいん)
- 刻々 시시각각 (こっこく)
- 時刻 시각 (じこく)
- 深刻 심각 (しんこく)
- 定刻 정각 (ていこく)

**훈독** きざむ
- 刻む 새기다 (きざ)

## 134: N2 婚
혼인할 혼
女 | 11

**음독** こん
- 結婚 결혼 (けっこん)
- 婚期 혼기 (こんき)
- 婚約 약혼 (こんやく)
- 再婚 재혼 (さいこん)
- 新婚 신혼 (しんこん)
- 未婚 미혼 (みこん)

**훈독** —

## 135: N2 混
섞을 혼
氵 | 11

**음독** こん
- 混血 혼혈 (こんけつ)
- 混合 혼합 (こんごう)
- 混雑 혼잡 (こんざつ)
- 混線 혼선 (こんせん)
- 混同 혼동 (こんどう)
- 混入 혼입 (こんにゅう)
- 混乱 혼란 (こんらん)

**훈독** まじる / まざる / まぜる / こむ
- 混じる 섞이다 (ま)
- 混ざる 섞이다 (ま)
- 混ぜる 섞다 (ま)
- 混む 붐비다 (こ)

## 136: N2 査
조사할 사
木 | 9

**음독** さ
- 期末考査 기말고사 (きまつこうさ)
- 検査 검사 (けんさ)
- 検査結果 검사결과 (けんさけっか)
- 査察 사찰 (ささつ)
- 調査 조사 (ちょうさ)

**훈독** —

## 137: N2

**砂** 모래 사
石 | 9

**음독** さ / しゃ

砂金 사금
さきん

砂糖 설탕
さとう

砂漠 사막
さばく

土砂 토사
どしゃ

砂利 자갈
じゃり

**훈독** すな

砂 모래
すな

砂時計 모래시계
すなどけい

---

## 138: N2

**採** 캘 채
扌 | 11

采

**음독** さい

採掘 채굴
さいくつ

採決 채결
さいけつ

採光 채광
さいこう

採集 채집
さいしゅう

採点 채점
さいてん

採用 채용
さいよう

**훈독** とる

採る 채집하다, 채용하다
と

採り入れる 채용하다, 받아들이다
と　　い

---

## 139: N2

**済** 건널 제
氵 | 11

濟

**음독** さい

救済 구제
きゅうさい

経済 경제
けいざい

返済 변제
へんさい

**훈독** すむ / すます

済む 끝나다
す

用済み 용무가 끝남
ようず

済ます 끝내다
す

---

## 140: N2

**祭** 제사 제
示 | 11

**음독** さい

祭日 제삿날
さいじつ

祭典 제전
さいてん

祭礼 제례
さいれい

前夜祭 전야제
ぜんやさい

文化祭 문화제
ぶんかさい

**훈독** まつる / まつり

祭る 제사지내다
まつ

祭り 축제
まつ

秋祭り 추수감사제
あきまつ

祭り上げる 추대하다
まつ　あ

雪祭り 눈 축제
ゆきまつ

## 141: N2

**罪** 허물 죄
网 | 13

**음독** ざい
- 罪悪 죄악 ざいあく
- 罪人 죄인 ざいにん
- 謝罪 사죄 しゃざい
- 重罪 중죄 じゅうざい
- 犯罪 범죄 はんざい
- 無罪 무죄 むざい
- 有罪 유죄 ゆうざい

**훈독** つみ
- 罪 죄 つみ
- 罪深い 죄가 많다 つみぶかい

## 142: N2

**刷** 인쇄할 쇄
刂 | 8

**음독** さつ
- 印刷 인쇄 いんさつ
- 刷新 쇄신 さっしん
- 増刷 증쇄 ぞうさつ

**훈독** する
- 刷る 인쇄하다 す
- 色刷り 색판 인쇄 いろずり
- 刷り物 인쇄물 すりもの

## 143: N2

**殺** 죽일 살
殳 | 10
殺

**음독** さつ / さい / せつ
- 暗殺 암살 あんさつ
- 殺意 살의 さつい
- 殺気 살기 さっき
- 殺人 살인 さつじん
- 殺風景 살풍경 さっぷうけい
- 相殺 상쇄 そうさい
- 殺生 살생, 무자비함 せっしょう

**훈독** ころす
- 殺す 죽이다 ころ

## 144: N2

**察** 살필 찰
宀 | 14

**음독** さつ
- 観察 관찰 かんさつ
- 警察 경찰 けいさつ
- 考察 고찰 こうさつ
- 察する 헤아리다 さっ
- 視察 시찰 しさつ
- 診察 진찰 しんさつ
- 推察 짐작 すいさつ

**훈독** —

## 145: N2

**雑** 섞일 잡
隹 | 14
雜

**음독** ざつ / ぞう
- 混雑 혼잡 こんざつ
- 雑音 잡음 ざつおん
- 雑誌 잡지 ざっし
- 雑草 잡초 ざっそう
- 雑多 잡다 ざった
- 雑談 잡담 ざつだん
- 雑用 잡다한 용무 ざつよう
- 複雑 복잡 ふくざつ
- 乱雑 난잡 らんざつ
- 雑木林 잡목림 ぞうきばやし

**훈독** —

## 146: N2

**散** 흩을 산
攵 | 12

**음독** さん
- 解散 해산 かいさん
- 拡散 확산 かくさん
- 散文 산문 さんぶん
- 散歩 산책 さんぽ

**훈독** ちる / ちらす / ちらかす / ちらかる
- 散る 흩어지다 ち
- 散らす 흩뜨리다 ち
- 散らかす 어지르다 ち
- 散らかる 흩어지다 ち

## 147: N2

**賛** 도울 찬
貝 | 15

**음독** さん
- 協賛 협찬 きょうさん
- 賛意 찬의 さんい
- 賛辞 찬사 さんじ
- 賛成 찬성 さんせい
- 賛同 찬동 さんどう
- 賛美 찬미 さんび
- 賛否 찬성 여부 さんぴ
- 自画自賛 자화자찬 じがじさん
- 称賛 칭찬 しょうさん
- 絶賛 절찬 ぜっさん

**훈독** -

## 148: N2

**糸** 실 사
糸 | 6

**음독** し
- 綿糸 면사 めんし

**훈독** いと
- 糸口 실마리, 단서 いとぐち
- 糸車 물레 いとぐるま
- 毛糸 털실 けいと

## 149: N2

**伺** 엿볼 사
亻 | 7

**음독** し
- 奉伺 문안드림 ほうし

**훈독** うかがう
- 伺う 묻다・듣다・방문하다의 겸사말 うかがう

## 150: N2

**志** 뜻 지
心 | 7

**음독** し
- 意志 의지 いし
- 志願 지원 しがん
- 志望 지망 しぼう
- 初志 초지, 처음에 품은 뜻 しょし
- 大志 큰 뜻 たいし
- 同志 동지 どうし

**훈독** こころざす / こころざし
- 志す 지향하다 こころざす
- 志 뜻, 호의 こころざし

| 일본한자 | 부수와 총 획수 | 음독과 훈독 |

## 151: N2
**刺** 찌를 자
刂 | 8

**음독** し
- 刺客 しかく 자객
- 刺激 しげき 자극
- 刺殺 しさつ 찔러 죽임
- 風刺 ふうし 풍자
- 名刺 めいし 명함

**훈독** さす / ささる
- 刺す さす 찌르다, 꿰다
- 刺身 さしみ 생선회
- 刺さる ささる 박히다, 꽂히다

## 152: N2
**師** 스승 사
巾 | 10

**음독** し
- 医師 いし 의사
- 恩師 おんし 은사
- 技師 ぎし 기사
- 教師 きょうし 교사
- 講師 こうし 강사
- 師弟 してい 스승과 제자
- 牧師 ぼくし 목사
- 漁師 りょうし 어부

**훈독** ―

## 153: N2
**脂** 기름 지
月 | 10

**음독** し
- 脂肪 しぼう 지방
- 樹脂 じゅし 수지
- 脱脂 だっし 탈지
- 油脂 ゆし 유지

**훈독** あぶら
- 脂 あぶら 지방, 기름, 굳기름

## 154: N2
**歯** 이 치
歯 | 12
齒

**음독** し
- 歯科 しか 치과

**훈독** は
- 歯 は 이
- 入れ歯 いれば 틀니
- 歯切れ はぎれ 씹히는 맛, (말씨의) 명확성
- 歯車 はぐるま 톱니바퀴

## 155: N2
**資** 재물 자
貝 | 13

**음독** し
- 学資 がくし 학비
- 資格 しかく 자격
- 資金 しきん 자금
- 資源 しげん 자원
- 資材 しざい 자재
- 資産 しさん 자산
- 資質 ししつ 자질
- 資本 しほん 자본
- 資料 しりょう 자료
- 物資 ぶっし 물자

**훈독** ―

## 156: N2 誌 기록할 지 言 | 14

**음독** し
- 月刊誌 월간지 げっかんし
- 雑誌 잡지 ざっし
- 誌面 지면 しめん
- 週刊誌 주간지 しゅうかんし
- 日誌 일지 にっし

**훈독** —

## 157: N2 似 닮을 사 イ | 7

**음독** じ
- 疑似体験 유사체험 ぎじたいけん
- 相似 서로 닮음 そうじ
- 類似 유사 るいじ

**훈독** にる
- 似る 닮다 に
- 似合う 어울리다 にあ
- 似顔絵 초상화 にがおえ

## 158: N2 児 아이 아 ル | 7 (兒)

**음독** じ / に
- 育児 육아 いくじ
- 園児 원아 えんじ
- 児童 아동 じどう
- 乳児 젖먹이 にゅうじ
- 幼児 유아 ようじ
- 小児科 소아과 しょうにか

**훈독** —

## 159: N2 識 알 식 言 | 19

**음독** しき
- 意識 의식 いしき
- 学識 학식 がくしき
- 見識 견식 けんしき
- 常識 상식 じょうしき
- 知識 지식 ちしき
- 認識 인식 にんしき
- 博識 박식 はくしき
- 良識 양식 りょうしき

**훈독** —

## 160: N2 湿 젖을 습 氵 | 12 (濕)

**음독** しつ
- 湿気 습기 しっけ
- 湿地 습지 しっち
- 湿度 습도 しつど
- 湿布 습포, 찜질 しっぷ
- 多湿 다습 たしつ

**훈독** しめる / しめす
- 湿る 습기차다, 우울해지다 しめ
- 湿す 적시다, 축이다 しめ

## 161: N2

**若** 같을 약
艹 | 8

**음독** じゃく / にゃく
若干 약간
じゃっかん
老若 늙은이와 젊은이
ろうにゃく

**훈독** わかい / もしくは
若い 젊다
わか
若者 젊은이
わかもの
若しくは 혹은
も
◆ 若人 젊은이, 청년
わこうど

## 162: N2

**種** 씨 종
禾 | 14

**음독** しゅ
一種 일종
いっしゅ
種子 종자
しゅし
種族 종족
しゅぞく
種類 종류
しゅるい
職種 직종
しょくしゅ
人種 인종
じんしゅ
品種 품종
ひんしゅ

**훈독** たね
種 씨앗
たね
菜種 유채 씨
なたね
火種 불씨
ひだね

## 163: N2

**授** 줄 수
扌 | 11

**음독** じゅ
教授 교수
きょうじゅ
授業 수업
じゅぎょう
授賞式 수상식
じゅしょうしき
授与 수여
じゅよ
伝授 전수
でんじゅ

**훈독** さずける / さずかる
授ける 수여하다, 전수하다
さず
授かる (신불이나 윗사람이) 내려주시다
さず

## 164: N2

**収** 거둘 수
又 | 4

**음독** しゅう
回収 회수
かいしゅう
吸収 흡수
きゅうしゅう
収穫 수확
しゅうかく
収集 수집
しゅうしゅう
収入 수입
しゅうにゅう
収納 수납
しゅうのう
収容所 수용소
しゅうようじょ
買収 매수
ばいしゅう

**훈독** おさめる / おさまる
収める 넣다, 담다, 얻다, 거두다
おさ
収まる (범위 안에) 보기 좋게 들어가다
おさ

## 165: N2

**周** 두루 주
口 | 8

**음독** しゅう
- 一週 일주 いっしゅう
- 円周 원주 えんしゅう
- 周囲 주위 しゅうい
- 周期 주기 しゅうき
- 周知 주지, 두루 앎 しゅうち
- 周辺 주변 しゅうへん

**훈독** まわり
- 周り 주위, 주변 まわ

## 166: N2

**拾** 주을 습 / 열 십
扌 | 9

**음독** しゅう / じゅう
- 収拾 수습 しゅうしゅう
- 拾得 습득 しゅうとく

**훈독** ひろう
- 拾う 줍다, (택시 등을)잡아서 타다 ひろ
- 拾い物 습득물 ひろ もの

## 167: N2

**修** 닦을 수
イ | 10

**음독** しゅう / しゅ
- 改修 개수 かいしゅう
- 研修 연수 けんしゅう
- 修学旅行 수학여행 しゅうがくりょこう
- 修正 수정 しゅうせい
- 修理 수리 しゅうり
- 修行 수행 しゅぎょう

**훈독** おさめる / おさまる
- 修める 수양하다 おさ
- 修まる 품행이 바로잡히다 おさ

## 168: N2

**柔** 부드러울 유
木 | 9

**음독** じゅう / にゅう
- 懐柔 회유 かいじゅう
- 柔道 유도 じゅうどう
- 柔軟 유연 じゅうなん
- 柔弱 유약 にゅうじゃく
- 柔和 유화 にゅうわ

**훈독** やわらか / やわらかい
- 柔か 폭신함, 유연함, 부드러움 やわら
- 柔かい 부드럽다 やわら

## 169: N2

**述** 펼 술
辶 | 8

**음독** じゅつ
- 記述 기술 きじゅつ
- 供述 공술 きょうじゅつ
- 述語 술어 じゅつご
- 前述 전술 ぜんじゅつ
- 著述 저술 ちょじゅつ

**훈독** のべる
- 述べる 말하다 の

| 170: N2  術 재주 술 行 | 11 | 음독 じゅつ<br>医術 いじゅつ 의술  学術 がくじゅつ 학술  技術 ぎじゅつ 기술  芸術 げいじゅつ 예술<br>手術 しゅじゅつ 수술  美術 びじゅつ 미술  武術 ぶじゅつ 무술  話術 わじゅつ 화술<br>훈독 — |
|---|---|

| 171: N2 俊 준걸 준 イ | 9 | 음독 しゅん<br>俊才 しゅんさい 준재, 수재   俊足 しゅんそく 재능이 뛰어난 사람<br>훈독 — |
|---|---|

| 172: N2  純 순수할 순 糸 | 10 | 음독 じゅん<br>純金 じゅんきん 순금  純情 じゅんじょう 순정  純真 じゅんしん 순진  純綿 じゅんめん 순면<br>清純 せいじゅん 청순  単純 たんじゅん 단순  不純物 ふじゅんぶつ 불순물<br>훈독 — |
|---|---|

| 173: N2  準 준할 준 氵 | 13 | 음독 じゅん<br>基準 きじゅん 기준  準決勝 じゅんけっしょう 준결승  準備 じゅんび 준비  照準 しょうじゅん 조준<br>水準 すいじゅん 수준  標準 ひょうじゅん 표준<br>훈독 — |
|---|---|

| 174: N2  処 곳 처 几 | 5  | 음독 しょ<br>処断 しょだん 처단  処置 しょち 처치  処分 しょぶん 처분  処方 しょほう 처방<br>処理 しょり 처리  善処 ぜんしょ 선처  対処 たいしょ 대처<br>훈독 — |
|---|---|

## 175: N2

**署** 부서/관청 서
罒 | 13

음독 **しょ**
- 警察署 경찰서 (けいさつしょ)
- 署長 서장 (しょちょう)
- 署名 서명 (しょめい)
- 税務署 세무서 (ぜいむしょ)
- 部署 부서 (ぶしょ)

훈독 —

## 176: N2

**緒** 실마리 서
糸 | 14

음독 **しょ / ちょ**
- 一緒 함께 (いっしょ)
- 端緒 단서 (たんしょ)
- 内緒 비밀 (ないしょ)
- 情緒 정서 (じょうちょ)

훈독 **お**
- 琴の緒 거문고 줄 (こと お)

## 177: N2

**諸** 모두 제
言 | 15

음독 **しょ**
- 諸君 제군 (しょくん)
- 諸国 제국 (しょこく)
- 諸説 여러 가지 설 (しょせつ)
- 諸島 여러 섬 (しょとう)
- 諸問題 여러 문제 (しょもんだい)

훈독 —

## 178: N2

**助** 도울 조
力 | 7

음독 **じょ**
- 救助 구조 (きゅうじょ)
- 助言 조언 (じょげん)
- 助手 조수 (じょしゅ)
- 補助 보조 (ほじょ)

훈독 **たすける / たすかる / すけ**
- 助ける 돕다 (たす)
- 人助け 남을 도움 (ひとだす)
- 助かる 살아나다 (たす)
- 助っ人 조력자 (すけ と)

## 179: N2

**除** 덜 제
阝 | 10

음독 **じょ / じ**
- 解除 해제 (かいじょ)
- 除外 제외 (じょがい)
- 除去 제거 (じょきょ)
- 除名 제명 (じょめい)
- 掃除 청소 (そうじ)

훈독 **のぞく**
- 除く 제거하다 (のぞ)
- 取り除く 제거하다 (と のぞ)

| 일본한자 ㅣ 부수와 총 획수 | 음독과 훈독 |

### 180: N2
**召** 부를 소
口 ㅣ 5

**음독** しょう
召喚 소환 / しょうかん
召集 소집 / しょうしゅう

**훈독** めす
召す
め
1. 마시다, 먹다, 입다, 신다, (물건을) 사다, (탈것을) 타다 등의 높임말
2. 감기 들다, 목욕하다, 마음에 들다, 나이 들다 등의 높임말

---

### 181: N2
**床** 상 상
广 ㅣ 7

**음독** しょう
温床 온상 / おんしょう
起床 기상 / きしょう
病床 병상 / びょうしょう

**훈독** とこ / ゆか
床 이부자리, 마루 / とこ
床下 마루 밑 / ゆかした

---

### 182: N2
**招** 부를 초
扌 ㅣ 8

**음독** しょう
招集 소집 / しょうしゅう
招待 초대 / しょうたい
招待状 초대장 / しょうたいじょう

**훈독** まねく
招く 초대하다
まね

---

### 183: N2
**承** 이을 승
手 ㅣ 8

**음독** しょう
承知 알아들음, 승낙 / しょうち
承認 승인 / しょうにん
伝承 전승 / でんしょう

**훈독** うけたまわる
承る 삼가 받다, 삼가 듣다
うけたまわ

---

### 184: N2
**昇** 오를 승
日 ㅣ 8

**음독** しょう
昇格 승격 / しょうかく
昇降 승강 / しょうこう
上昇 상승 / じょうしょう
昇進 승진 / しょうしん

**훈독** のぼる
昇る 해·달이 뜨다
のぼ

## 185: N2

**消** 사라질 소
氵| 10

**음독** しょう
- 消化 しょうか 소화
- 消去 しょうきょ 소거
- 消極的 しょうきょくてき 소극적
- 消灯 しょうとう 소등
- 消毒 しょうどく 소독

**훈독** きえる / けす
- 消える きえ 사라지다
- 消す けす 끄다
- 消印 けしいん 소인
- 消しゴム けし 지우개

## 186: N2

**商** 장사 상
口 | 11

**음독** しょう
- 小売り商 こうりしょう 소매상
- 商業 しょうぎょう 상업
- 商社 しょうしゃ 상사
- 商人 しょうにん 상인
- 商売 しょうばい 장사
- 商品 しょうひん 상품
- 貿易商 ぼうえきしょう 무역상

**훈독** あきなう
- 商う あきな 장사하다
- 商い あきな 장사

## 187: N2

**紹** 이을 소
糸 | 11

**음독** しょう
- 紹介 しょうかい 소개

**훈독** –

## 188: N2

**勝** 이길 승
力 | 12

**음독** しょう
- 決勝 けっしょう 결승
- 勝因 しょういん 이긴 원인
- 勝敗 しょうはい 승패
- 勝負 しょうぶ 승부
- 勝利 しょうり 승리
- 必勝 ひっしょう 필승
- 優勝 ゆうしょう 우승
- 楽勝 らくしょう 낙승

**훈독** かつ / まさる
- 勝つ か 이기다
- 勝手 かって 제멋대로 함
- 勝る まさ 낫다, 뛰어나다

## 189: N2

**焼** 불사를 소
火 | 12

**음독** しょう
- 焼失 しょうしつ 소실
- 全焼 ぜんしょう 전소
- 燃焼 ねんしょう 연소

**훈독** やく / やける
- 焼く や 굽다
- 目玉焼き めだまや 계란프라이
- 焼き肉 やにく 불고기
- 焼ける や 타다, 구워지다
- 夕焼け ゆうや 저녁놀

## 190: N2

**象** 코끼리 상
豕 | 12

**음독** しょう / ぞう

印象 인상 (いんしょう)　気象 기상 (きしょう)　現象 현상 (げんしょう)　対象 대상 (たいしょう)
老化現象 노화현상 (ろうかげんしょう)　象 코끼리 (ぞう)

**훈독** —

## 191: N2

**照** 비출 조
灬 | 13

**음독** しょう

参照 참조 (さんしょう)　照会 조회 (しょうかい)　照合 조합 (しょうごう)　照明 조명 (しょうめい)
対照的 대조적 (たいしょうてき)　日照時間 일조시간 (にっしょうじかん)

**훈독** てる / てらす / てれる

照る 비치다 (て)　日照り 햇볕이 내리쬠, 가뭄 (ひで)　照らす 비추다, 대조하다 (て)
照れる 수줍어하다 (て)　照れ屋 수줍음을 잘 타는 사람 (てや)

## 192: N2

**賞** 상줄 상
貝 | 15

**음독** しょう

一等賞 일등상 (いっとうしょう)　受賞 수상 (じゅしょう)　賞金 상금 (しょうきん)　賞状 상장 (しょうじょう)
賞品 상품 (しょうひん)　入賞 입상 (にゅうしょう)　副賞 부상 (ふくしょう)

**훈독** —

## 193: N2

**条** 조목 조
木 | 7
 條

**음독** じょう

条件 조건 (じょうけん)　条文 조문 (じょうぶん)　条約 조약 (じょうやく)　条例 조례 (じょうれい)　信条 신조 (しんじょう)

**훈독** —

## 194: N2

**常** 떳떳할 상
巾 | 11

**음독** じょう

異常 이상 (いじょう)　常識 상식 (じょうしき)　正常 정상 (せいじょう)　通常 통상 (つうじょう)
日常 일상 (にちじょう)　非常 비상 (ひじょう)　非常に 몹시, 매우 (ひじょう)

**훈독** つね / とこ

常 항상 (つね)　常夏 항상 여름 (とこなつ)

## 195: N2

情
뜻 정
忄 | 11

**음독** じょう / せい

実情 실정
じつじょう

情景 정경, 광경
じょうけい

情熱 정열
じょうねつ

情報 정보
じょうほう

心情 심정
しんじょう

表情 표정
ひょうじょう

友情 우정
ゆうじょう

風情 풍치, 운치
ふぜい

**훈독** なさけ

情け 정, 인정
なさけ

## 196: N2

畳
겹쳐질 첩
田 | 12

**음독** じょう

六畳 다다미 여섯 장에 방 한 칸
ろくじょう

**훈독** たたむ / たたみ

畳む 개다, 접다, 그만두다
たた

畳 다다미
たたみ

## 197: N2

蒸
찔 증
艹 | 13

**음독** じょう

蒸気船 증기선
じょうきせん

蒸発 증발
じょうはつ

蒸留水 증류수
じょうりゅうすい

水蒸気 수증기
すいじょうき

**훈독** むす / むれる / むらす

蒸す 찌다
む

蒸れる 뜸들다, 후끈거리다
む

蒸らす 뜸들이다
む

## 198: N2

植
심을 식
木 | 12

**음독** しょく

移植 이식
いしょく

植物 식물
しょくぶつ

植民地 식민지
しょくみんち

**훈독** うえる / うわる

植える 심다
う

植木 정원수
うえき

田植え 모내기
たう

植わる 심어지다
う

## 199: N2

触
닿을 촉
角 | 13

**음독** しょく

感触 감촉
かんしょく

触手 촉수
しょくしゅ

触媒 촉매
しょくばい

触発 촉발
しょくはつ

触角 촉각
しょっかく

接触 접촉
せっしょく

**훈독** ふれる / さわる

触れる 닿다, 언급하다, 저촉되다
ふ

触る 만지다, 거슬리다
さわ

## 200: N2

**職** 직분 직
耳 | 18

**음독** しょく
- 求職 구직 きゅうしょく
- 休職 휴직 きゅうしょく
- 就職 취직 しゅうしょく
- 職員室 직원실 しょくいんしつ
- 職業 직업 しょくぎょう
- 職場 직장 しょくば
- 退職 퇴직 たいしょく
- 無職 무직 むしょく

**훈독** —

## 201: N2

**伸** 펼 신
イ | 7

**음독** しん
- 伸縮 신축 しんしゅく
- 追伸 추신 ついしん

**훈독** のびる / のばす / のべる
- 伸びる 자라다, 늘다 の
- 背伸び 발돋움, 기지개 せの
- 伸び悩み 침체 상태 のなや
- 伸ばす 늘이다 の

## 202: N2

**深** 깊을 심
氵 | 11

**음독** しん
- 深海 깊은 바다 しんかい
- 深呼吸 심호흡 しんこきゅう
- 深刻 심각 しんこく
- 深夜 심야 しんや
- 水深 수심 すいしん

**훈독** ふかい / ふかまる / ふかめる
- 深い 깊다 ふか
- 罪深さ 죄가 깊음 つみぶか
- 深入り 깊이 들어감 ふかい
- 深さ 깊이 ふか
- 深まる 깊어지다 ふか
- 深める 깊게 하다 ふか

## 203: N2

**震** 우레 진
雨 | 15

**음독** しん
- 震災 지진 재해 しんさい
- 震度 진도 しんど
- 震動 진동 しんどう
- 地震 지진 じしん

**훈독** ふるう / ふるえる
- 震う 흔들리다, 떨다 ふる
- 身震い 몸이 떨림, 몸서리 みぶる
- 震える 흔들리다, 떨리다 ふる

## 204: N2

**吹** 불 취
口 | 7

**음독** すい
- 吹奏楽 취주악 すいそうがく

**훈독** ふく
- 吹く 불다, 뿜다 ふ
- 息吹 숨, 활기 いぶき
- 吹込み 취입 ふきこ
- 吹雪 눈보라 ふぶき

## 205: N2

**清** 맑을 청
氵 | 11

**음독** せい
- 血清 혈청 (けっせい)
- 清潔 청결 (せいけつ)
- 清算 청산 (せいさん)
- 清純 청순 (せいじゅん)
- 清書 정서 (せいしょ)

**훈독** きよい / きよまる / きよめる
- 清い 깨끗하다, 맑다 (きよ)
- 清まる 맑아지다, 깨끗해지다 (きよ)
- 清める 맑게 하다 (きよ)

## 206: N2

**晴** 갤 청
日 | 12

**음독** せい
- 快晴 쾌청 (かいせい)
- 晴天 맑게 갠 하늘 (せいてん)

**훈독** はれる / はらす
- 晴れる 날씨가 개다 (は)
- 秋晴れ 맑게 갠 가을 날씨 (あきば)
- 晴らす 개게 하다 (は)
- 気晴らし 기분전환 (きば)
- 見晴らし 전망 (みは)

## 207: N2

**勢** 형세 세
力 | 13

**음독** せい
- 運勢 운세 (うんせい)
- 大勢 여러 사람 (おおぜい)
- 形勢 형세 (けいせい)
- 国勢調査 국세조사 (こくせいちょうさ)
- 姿勢 자세 (しせい)
- 情勢 정세 (じょうせい)
- 勢力 세력 (せいりょく)
- 態勢 태세 (たいせい)
- 優勢 우세 (ゆうせい)

**훈독** いきおい
- 勢い 기세 (いきお)

## 208: N2

**製** 지을 제
衣 | 14

**음독** せい
- 製作 제작 (せいさく)
- 製造 제조 (せいぞう)
- 製鉄 제철 (せいてつ)
- 製品 제품 (せいひん)
- 製本 제본 (せいほん)
- 特製 특제 (とくせい)
- 複製 복제 (ふくせい)

**훈독** —

## 209: N2

**静** 고요할 정
青 | 14

**음독** せい / じょう
- 安静 안정 (あんせい)
- 静止 정지 (せいし)
- 静電気 정전기 (せいでんき)
- 冷静 냉정 (れいせい)
- 静脈 정맥 (じょうみゃく)

**훈독** しず / しずか / しずまる / しずめる
- 静か 조용함 (しず)
- 静まる 조용해지다, 가라앉다 (しず)
- 静める 진정시키다 (しず)

## 210: N2

**税** 세금 세
禾 | 12

**음독** ぜい
- 課税 かぜい 과세
- 減税 げんぜい 감세
- 住民税 じゅうみんぜい 주민세
- 消費税 しょうひぜい 소비세
- 税関 ぜいかん 세관
- 税金 ぜいきん 세금
- 増税 ぞうぜい 증세
- 納税 のうぜい 납세

**훈독** —

## 211: N2

**隻** 외짝 척
隹 | 10

**음독** せき
- 隻 せき 척
- 一隻 いっせき 한 척
- 数隻 すうせき 수 척

**훈독** —

## 212: N2

**責** 꾸짖을 책
貝 | 11

**음독** せき
- 自責 じせき 자책
- 重責 じゅうせき 중책
- 職責 しょくせき 직책
- 責任 せきにん 책임
- 責務 せきむ 책무

**훈독** せめる
- 責める せめ 꾸짖다, 나무라다

## 213: N2

**跡** 발자취 적
足 | 13

**음독** せき
- 遺跡 いせき 유적
- 史跡 しせき 사적
- 足跡 そくせき 발자취, 업적
- 追跡 ついせき 추적

**훈독** あと
- 跡 あと 자국, 발자취, 왕래, 터
- 足跡 あしあと 발자취

## 214: N2

**積** 쌓을 적
禾 | 16

**음독** せき
- 積雪 せきせつ 적설
- 積極的 せっきょくてき 적극적
- 面積 めんせき 면적
- 容積 ようせき 용적

**훈독** つむ / つもる
- 積む つむ 쌓다
- 積もる つもる 쌓이다
- 心積もり こころづもり 마음속의 예정·계획, 심산
- 見積書 みつもりしょ 견적서

## 215: N2
**績**
길쌈할 적
糸 | 17

**음독** せき

業績 업적
ぎょうせき

功績 공적
こうせき

実績 실적
じっせき

成績 성적
せいせき

戦績 전적, 전투나 시합의 성적
せんせき

紡績 방적
ぼうせき

**훈독** —

## 216: N2
**籍**
문서 적
竹 | 20

**음독** せき

学籍 학적
がくせき

国籍 국적
こくせき

戸籍 호적
こせき

在籍 재적
ざいせき

書籍 서적
しょせき

本籍 본적
ほんせき

**훈독** —

## 217: N2
**設**
베풀 설
言 | 11

**음독** せつ

建設 건설
けんせつ

新設 신설
しんせつ

設計 설계
せっけい

設置 설치
せっち

設定 설정
せってい

設備 설비
せつび

設問 설문
せつもん

設立 설립
せつりつ

**훈독** もうける

設ける 마련하다
もう

## 218: N2
**節**
마디 절
竹 | 13
(節)

**음독** せつ / せち

関節 관절
かんせつ

季節 계절
きせつ

節約 절약
せつやく

調節 조절
ちょうせつ

お節料理 명절 때 먹는 조림요리
せちりょうり

**훈독** ふし

節 고비, 어떤 점
ふし

節目 마디, 고비
ふしめ

## 219: N2
**専**
오로지 전
寸 | 9
(專)

**음독** せん

専業主婦 전업주부
せんぎょうしゅふ

専属 전속
せんぞく

専念 전념
せんねん

専務 전무
せんむ

専門 전문
せんもん

専用 전용
せんよう

**훈독** もっぱら

専ら 오로지, 전적으로
もっぱ

## 220: N2

**浅** 얕을 천
氵 | 9

**음독** せん
- 浅海 얕은 바다
  せんかい

**훈독** あさい
- 浅い 얕다
  あさ
- 浅手 경상
  あさで
- 浅緑 연두색
  あさみどり

## 221: N2

**船** 배 선
舟 | 11

**음독** せん
- 漁船 어선
  ぎょせん
- 乗船 승선
  じょうせん
- 船長 선장
  せんちょう
- 風船 풍선
  ふうせん

**훈독** ふね / ふな
- 船 배
  ふね
- 船旅 배를 타고 하는 여행
  ふなたび
- 船乗り 배를 탐
  ふなの

## 222: N2

**戦** 싸울 전
戈 | 13

**음독** せん
- 観戦 관전
  かんせん
- 苦戦 고전
  くせん
- 作戦 작전
  さくせん
- 戦争 전쟁
  せんそう
- 戦力 전력
  せんりょく
- 敗戦 패전
  はいせん

**훈독** いくさ / たたかう
- 戦 싸움
  いくさ
- 勝ち戦 싸움에 이김
  か いくさ
- 戦う 싸우다
  たたか

## 223: N2

**全** 온전 전
人 | 6

**음독** ぜん
- 安全 안전
  あんぜん
- 完全 완전
  かんぜん
- 健全 건전
  けんぜん
- 全員 전원
  ぜんいん
- 全校 전교
  ぜんこう
- 全国 전국
  ぜんこく
- 全然 전혀
  ぜんぜん
- 全体 전체
  ぜんたい
- 全部 전부
  ぜんぶ

**훈독** まったく
- 全く 전혀
  まった

## 224: N2

**善** 착할 선
口 | 12

**음독** ぜん
- 改善 개선
  かいぜん
- 最善 최선
  さいぜん
- 親善 친선
  しんぜん
- 善悪 선악
  ぜんあく
- 善意 선의
  ぜんい
- 善男善女 선남선녀
  ぜんなんぜんにょ
- 善人 착한 사람
  ぜんにん
- 善良 선량
  ぜんりょう

**훈독** よい
- 善い 좋다
  よ

## 225: N2

**然** 그럴 연
灬 | 12

**음독** ぜん / ねん

**偶然** 우연 ぐうぜん　**自然** 자연 しぜん　**全然** 전혀 ぜんぜん　**断然** 단연, 과감히 だんぜん

**当然** 당연 とうぜん　**突然** 갑자기 とつぜん　**必然** 필연 ひつぜん　**平然** 태연함 へいぜん

**天然ガス** 천연가스 てんねん

**훈독** —

## 226: N2

**双** 쌍 쌍
又 | 4

**음독** そう

**双眼鏡** 쌍안경 そうがんきょう　**双肩** 양 어깨 そうけん　**双生児** 쌍둥이 そうせいじ　**双方** 쌍방 そうほう

**훈독** ふた

**双子** 쌍둥이 ふたご　**双葉** 떡잎 ふたば

## 227: N2

**争** 다툴 쟁
亅 | 6

**음독** そう

**競争** 경쟁 きょうそう　**争点** 쟁점 そうてん　**論争** 논쟁 ろんそう

**훈독** あらそう

**争う** 다투다 あらそ　**言い争う** 말다툼하다 いあらそ　**口争い** 언쟁, 말싸움 くちあらそ

## 228: N2

**捜** 찾을 수
扌 | 10

**음독** そう

**捜査** 수사 そうさ　**捜索** 수색 そうさく

**훈독** さがす

**捜す** 찾다 さが

## 229: N2

**掃** 쓸 소
扌 | 11

**음독** そう

**一掃** 일소 いっそう　**清掃** 청소 せいそう　**掃除** 청소 そうじ

**훈독** はく

**掃く** 쓸다 は

## 230: N2

**装**
꾸밀 장
衣 | 12

**음독** そう / しょう

装置 そうち 장치　装備 そうび 장비　服装 ふくそう 복장　変装 へんそう 변장
包装紙 ほうそうし 포장지　衣装 いしょう 의상

**훈독** よそおう

装う よそおう 치장하다, 체하다

## 231: N2

**想**
생각 상
心 | 13

**음독** そう / そ

回想 かいそう 회상　感想 かんそう 감상　空想 くうそう 공상　思想 しそう 사상　想像 そうぞう 상상
夢想 むそう 몽상　予想 よそう 예상　理想 りそう 이상　愛想 あいそ 붙임성, 상냥함

**훈독** —

## 232: N2

**層**
층 층
尸 | 14

**음독** そう

階層 かいそう 계층　客層 きゃくそう 손님층　断層 だんそう 단층　読者層 どくしゃそう 독자층

**훈독** —

## 233: N2

**総**
거느릴 총
糸 | 14

**음독** そう

総会 そうかい 총회　総合 そうごう 종합　総選挙 そうせんきょ 총선거　総理 そうり 총리
総量 そうりょう 총량　総力 そうりょく 총력

**훈독** —

## 234: N2

**操**
잡을 조
扌 | 16

**음독** そう

操業 そうぎょう 조업　操作 そうさ 조작　操縦 そうじゅう 조종　節操 せっそう 절개와 지조
体操 たいそう 체조

**훈독** みさお / あやつる

操 みさお 지조　操る あやつる 조종하다　操り人形 あやつりにんぎょう 꼭두각시인형

## 235: N2

**燥**
마를 조
火 | 17

**음독** そう
乾燥 건조
かんそう
焦燥 초조
しょうそう

**훈독** —

## 236: N2

**像**
모양 상
イ | 14

**음독** ぞう
映像 영상
えいぞう
画像 화상
がぞう
現像 현상
げんぞう
自画像 자화상
じがぞう
実像 실상
じつぞう
想像 상상
そうぞう
銅像 동상
どうぞう
仏像 불상
ぶつぞう

**훈독** —

## 237: N2

**増**
더할 증
土 | 14

**음독** ぞう
急増 급증
きゅうぞう
激増 격증
げきぞう
増益 증익
ぞうえき
増加 증가
ぞうか
増減 증감
ぞうげん
増水 증수
ぞうすい
増税 증세
ぞうぜい
倍増 배증
ばいぞう

**훈독** ます / ふえる / ふやす
増す 늘다
ま
割増 할증
わりまし
増える 늘어나다, 증가하다
ふ
増やす 늘리다
ふ

## 238: N2

**憎**
미울 증
忄 | 14

**음독** ぞう
愛憎 애증
あいぞう
憎悪 증오
ぞうお

**훈독** にくむ / にくい / にくらしい / にくしみ
憎む 미워하다
にく
憎い 밉다
にく
憎らしい 얄밉다
にく
憎しみ 미움, 증오
にく

## 239: N2

**蔵**
감출 장
艹 | 15

**음독** ぞう
地蔵 지장
じぞう
蔵書 장서
ぞうしょ
貯蔵 저장
ちょぞう
秘蔵 비장
ひぞう
冷蔵庫 냉장고
れいぞうこ

**훈독** くら
蔵 곳간, 창고
くら

## 240: N2

**贈** 줄 증
貝 | 18

**음독** ぞう / そう
- 寄贈 기증 きぞう
- 贈与 증여 ぞうよ
- 贈呈 증정 ぞうてい
- 贈答 증답 ぞうとう

**훈독** おくる
- 贈る 선물하다 おく
- 贈り物 선물 おく もの

## 241: N2

**臓** 오장 장
月 | 19

**음독** ぞう
- 肝臓 간장 かんぞう
- 心臓 심장 じんぞう
- 臓器移植 장기이식 ぞうきいしょく
- 内臓 내장 ないぞう

**훈독** ―

## 242: N2

**束** 묶을 속
木 | 7

**음독** そく
- 結束 결속 けっそく
- 二束三文 헐값 にそくさんもん
- 約束 약속 やくそく

**훈독** たば
- 束 다발, 묶음 たば
- 札束 돈뭉치 さつたば
- 束ねる 묶다 たば
- 花束 꽃다발 はなたば

## 243: N2

**則** 법칙 칙
リ | 9

**음독** そく
- 規則 규칙 きそく
- 原則 원칙 げんそく
- 校則 교칙 こうそく
- 鉄則 철칙 てっそく
- 反則 반칙 はんそく
- 変則的 변칙적 へんそくてき
- 法則 법칙 ほうそく

**훈독** ―

## 244: N2

**速** 빠를 속
辶 | 10

**음독** そく
- 加速 가속 かそく
- 急速 급속 きゅうそく
- 減速 감속 げんそく
- 高速道路 고속도로 こうそくどうろ
- 時速 시속 じそく
- 速達 속달 そくたつ
- 速度 속도 そくど
- 速報 속보 そくほう
- 速記 속기 そっき
- 風速 풍속 ふうそく

**훈독** はやい / はやめる / はやまる / すみやか
- 速い 빠르다 はや
- 速さ 속도 はや
- 速める 속력을 내다, 서두르다 はや
- 速まる 빨라지다 はや
- 速やか 신속하게 すみ

## 245: N2

**測** 헤아릴 측
氵 | 12

**음독** そく
- 観測 관측 かんそく
- 推測 추측 すいそく
- 測定 측정 そくてい
- 測量 측량 そくりょう
- 予測 예측 よそく

**훈독** はかる
- 測る 재다 はか

## 246: N2

**卒** 마칠 졸
十 | 8

**음독** そつ
- 新卒 신규 졸업자 しんそつ
- 卒業 졸업 そつぎょう
- 卒倒 졸도 そっとう
- 大学卒 대학교 졸업 だいがくそつ

**훈독** -

## 247: N2

**率** 거느릴 솔 / 비율 률(율)
玄 | 11

**음독** そつ / りっ
- 引率 인솔 いんそつ
- 軽率 경솔 けいそつ
- 確率 확률 かくりつ
- 効率 효율 こうりつ
- 能率 능률 のうりつ
- 倍率 배율 ばいりつ
- 比率 비율 ひりつ

**훈독** ひきいる
- 率いる 인솔하다 ひき

## 248: N2

尊
높을 존
寸 | 12

**음독** そん

尊敬 존경
そんけい

尊厳 존엄
そんげん

尊重 존중
そんちょう

**훈독** たっとい / とうとい / たっとぶ / とうとぶ

尊い 귀중하다
たっと

尊い 귀중하다
とうと

尊ぶ 공경하다
たっと

尊ぶ 공경하다
とうと

## 249: N2

損
덜 손
扌 | 13

**음독** そん

損益 손익
そんえき

損失 손실
そんしつ

損傷 손상
そんしょう

破損 파손
は そん

**훈독** そこなう / そこねる

損なう 파손하다, 상하게 하다
そこ

見損なう 잘못 보다
み そこ

損ねる 파손하다
そこ

## 250: N2

退
물러날 퇴
辶 | 9

**음독** たい

引退 은퇴
いんたい

後退 후퇴
こうたい

辞退 사퇴
じ たい

早退 조퇴
そうたい

退院 퇴원
たいいん

退治 퇴치
たい じ

退場 퇴장
たいじょう

**훈독** しりぞく / しりぞける

退く 물러나다
しりぞ

退ける 물리치다
しりぞ

## 251: N2

帯
띠 대
巾 | 10

**음독** たい

一帯 일대
いったい

世帯 세대
せ たい

地帯 지대
ち たい

熱帯魚 열대어
ねったいぎょ

包帯 붕대
ほうたい

連帯 연대
れんたい

**훈독** おびる / おび

帯びる 띠다
お

帯グラフ 띠그래프
おび

## 252: N2

袋
자루 대
衣 | 11

**음독** たい

郵袋 우편 행낭
ゆうたい

**훈독** ふくろ

袋 봉투
ふくろ

紙袋 종이봉투
かみぶくろ

手袋 장갑
て ぶくろ

福袋 복주머니
ふくぶくろ

## 253: N2

**替** 바꿀 체
日 | 12

- **음독** たい
  - 交替 こうたい 교체
  - 代替 だいたい 대체
- **훈독** かえる / かわる
  - 替える か 교환하다, 교체하다
  - 振替 ふりかえ 대체
  - 両替 りょうがえ 환전
  - 替わる か 바뀌다
  - 為替 かわせ 환

## 254: N2

**第** 차례 제
竹 | 11

- **음독** だい
  - 第一位 だいいち い 제1위
  - 第一印象 だいいちいんしょう 첫인상
  - 第三者 だいさんしゃ 제3자
  - 第二次 だいに じ 제2차
  - 落第 らくだい 낙제
- **훈독** —

## 255: N2

**宅** 집 택
宀 | 6

- **음독** たく
  - 帰宅 きたく 귀가
  - 在宅 ざいたく 재택
  - 自宅 じたく 자택
  - 社宅 しゃたく 사택
  - 住宅 じゅうたく 주택
  - 宅地 たくち 택지
  - 宅配便 たくはいびん 택배편
- **훈독** —

## 256: N2

**担** 멜 담
扌 | 8

擔

- **음독** たん
  - 加担 かたん 가담
  - 担当 たんとう 담당
  - 担任 たんにん 담임
  - 負担 ふたん 부담
  - 分担 ぶんたん 분담
- **훈독** かつぐ / になう
  - 担ぐ かつ 짊어지다, 메다
  - 担う にな (책임 등을) 떠맡다
  - 担い手 にな て 담당자

## 257: N2

**単** 홑 단
口 | 9
單

- **음독** たん
  - 簡単 かんたん 간단
  - 単語 たんご 단어
  - 単行本 たんこうぼん 단행본
  - 単純 たんじゅん 단순
  - 単調 たんちょう 단조
  - 単独 たんどく 단독
- **훈독** —

## 258: N2
**炭** 숯 탄
火 | 9

- **음독** たん
  - 石炭 석탄 (せきたん)
  - 炭鉱 탄광 (たんこう)
  - 炭水化物 탄수화물 (たんすいかぶつ)
  - 二酸化炭素 이산화탄소 (にさんかたんそ)
  - 木炭 목탄 (もくたん)
- **훈독** すみ
  - 炭 숯, 목탄 (すみ)
  - 炭火 숯불 (すみび)

## 259: N2
**探** 찾을 탐
扌 | 11

- **음독** たん
  - 探求 탐구 (たんきゅう)
  - 探検 탐험 (たんけん)
  - 探査 탐사 (たんさ)
  - 探知 탐지 (たんち)
  - 探訪 탐방 (たんぼう)
- **훈독** さぐる / さがす
  - 探る (더듬어) 찾다, 살피다 (さぐ)
  - 探す 찾다 (さが)
  - 宝探し 보물찾기 (たからさが)

## 260: N2
**断** 끊을 단
斤 | 11
斷

- **음독** だん
  - 横断 횡단 (おうだん)
  - 決断 결단 (けつだん)
  - 断言 단언 (だんげん)
  - 断固 단호 (だんこ)
  - 断絶 단절 (だんぜつ)
  - 断定 단정 (だんてい)
  - 断面図 단면도 (だんめんず)
  - 判断 판단 (はんだん)
- **훈독** ことわる / たつ
  - 断る 거절하다 (ことわ)
  - 断つ 끊다 (た)

## 261: N2
**暖** 따뜻할 난
日 | 13

- **음독** だん
  - 温暖 온난 (おんだん)
  - 寒暖 한난 (かんだん)
  - 暖色 따뜻한 느낌을 주는 빛깔 (だんしょく)
  - 暖房 난방 (だんぼう)
  - 暖流 난류 (だんりゅう)
  - 暖炉 난로 (だんろ)
- **훈독** あたたか / あたたかい / あたたまる / あたためる
  - 暖かい 따뜻하다 (あたた)
  - 暖まる 따뜻해지다 (あたた)
  - 暖める 데우다 (あたた)

## 262: N2
**値** 값 치
亻 | 10

- **음독** ち
  - 価値 가치 (かち)
  - 数値 수치 (すうち)
  - 平均値 평균치 (へいきんち)
- **훈독** ね / あたい
  - 値上げ 가격인상 (ねあ)
  - 値打ち 가치, 값어치 (ねう)
  - 値下げ 가격인하 (ねさ)
  - 値段 가격 (ねだん)
  - 値引き 값을 깎음 (ねび)
  - 値 가격 (あたい)

## 263: N2

**恥** 부끄러울 치
心 | 10

**음독** ち
恥辱 치욕 / ちじょく
破廉恥 파렴치 / はれんち
無恥 부끄러움을 모름 / むち

**훈독** はじる / はじ / はじらう / はずかしい
恥じる 부끄러워하다 / は
恥じ 부끄러움, 수치 / は
恥じらう 부끄러워하다 / は
恥ずかしい 부끄럽다 / は

## 264: N2

**遅** 늦을/더딜 지
辶 | 12

**음독** ち
遅延 지연 / ちえん
遅刻 지각 / ちこく
遅滞 지체 / ちたい

**훈독** おくれる / おくらす / おそい
遅れる 늦다 / おく
遅らす 늦추다 / おく
遅い 늦다 / おそ

## 265: N2

**置** 둘 치
皿 | 13

**음독** ち
位置 위치 / いち
処置 처치 / しょち
設置 설치 / せっち
装置 장치 / そうち
配置 배치 / はいち
放置 방치 / ほうち

**훈독** おく
置く 두다, 놓다 / お
前置き 서론, 머리말 / まえお

## 266: N2

**畜** 짐승 축
田 | 10

**음독** ちく
家畜 가축 / かちく
含蓄 함축 / がんちく
蓄産 축산 / ちくさん
蓄生 빌어먹을 / ちくしょう
牧蓄 목축 / ぼくちく

**훈독** —

## 267: N2

**築** 쌓을 축
竹 | 16

**음독** ちく
改築 개축 / かいちく
構築 구축 / こうちく
新築 신축 / しんちく
増築 증축 / ぞうちく
築造 축조 / ちくぞう

**훈독** きずく
築く 쌓다, 구축하다 / きず

### 268: N2

버금 중
イ | 6

**음독** ちゅう

仲介 중개
ちゅうかい

仲裁 중재
ちゅうさい

**훈독** なか

仲立ち 중개, 중매
なかだち

仲直り 화해
なかなおり

仲間 동료
なかま

◆ 仲人 중매인
なこうど

---

### 269: N2

집 주
宀 | 8

**음독** ちゅう

宇宙 우주
うちゅう

宇宙飛行士 우주비행사
うちゅうひこうし

宙返り 공중회전
ちゅうがえり

**훈독** —

---

### 270: N2

나타날 저
艹 | 11

著

**음독** ちょ

共著 공저
きょうちょ

著作 저작, 저술
ちょさく

著者 저자
ちょしゃ

著述 저술
ちょじゅつ

著名 저명
ちょめい

名著 훌륭한 저서
めいちょ

**훈독** あらわす / いちじるしい

著す 저술하다
あらわ

著しい 현저하다
いちじる

---

### 271: N2

쌓을 저
貝 | 12

**음독** ちょ

貯金 저금
ちょきん

貯金箱 저금통
ちょきんばこ

貯水池 저수지
ちょすいち

貯蔵庫 저장고
ちょぞうこ

**훈독** —

---

### 272: N2

억조/조짐 조
儿 | 6

**음독** ちょう

一兆円 1조 엔
いっちょうえん

前兆 전조
ぜんちょう

兆候 징후
ちょうこう

**훈독** きざす / きざし

兆す 징조가 보이다
きざ

兆し 조짐, 징조
きざ

## 273: N2

**頂** 정수리 정
頁 | 11

**음독** ちょう
- 山頂 산꼭대기 さんちょう
- 頂上 정상 ちょうじょう
- 頂点 정점, 정상 ちょうてん
- 登頂 등정 とうちょう
- 人気絶頂 인기절정 にんきぜっちょう

**훈독** いただく / いただき
- 頂く 받다 いただ
- 頂き 정상, 꼭대기 いただ

## 274: N2

**超** 뛰어넘을 초
走 | 12

**음독** ちょう
- 超越 초월 ちょうえつ
- 超過 초과 ちょうか
- 超人的 초인적 ちょうじんてき
- 超然 초연 ちょうぜん
- 超能力 초능력 ちょうのうりょく
- 超満員 초만원 ちょうまんいん

**훈독** こえる / こす
- 超える 넘다, 건너다, 초월하다 こ
- 超す 넘다, 건너다, 앞지르다, 넘기다, 낫다 こ

## 275: N2

**調** 고를 조
言 | 15

**음독** ちょう
- 口調 말투 くちょう
- 好調 호조 こうちょう
- 調査 조사 ちょうさ
- 調子 상태, 컨디션 ちょうし
- 調整 조정 ちょうせい
- 調節 조절 ちょうせつ
- 調理 조리 ちょうり
- 調和 조화 ちょうわ

**훈독** しらべる / ととのう / ととのえる
- 調べる 조사하다 しら
- 下調べ 예비조사, 예습 したしら
- 調う 갖추어지다 ととの
- 調える 갖추다 ととの

## 276: N2

**沈** 잠길 침
氵 | 7

**음독** ちん
- 撃沈 격침 げきちん
- 沈滞 침체 ちんたい
- 沈着 침착 ちんちゃく
- 沈痛 침통 ちんつう
- 沈没 침몰 ちんぼつ
- 浮沈 부침, 흥망 ふちん

**훈독** しずむ / しずめる
- 沈む 가라앉다, 지다 しず
- 沈める 가라앉히다, 빠뜨리다 しず

## 277: N2

**珍** 보배 진 / 王 | 9

**음독** ちん
- 珍奇 진기 ちんき
- 珍客 진객 ちんきゃく
- 珍重 진중 ちんちょう
- 珍品 진품 ちんぴん
- 珍味 진미 ちんみ

**훈독** めずらしい
- 珍しい 희귀하다, 별나다 めずら

## 278: N2

**賃** 품삯 임 / 貝 | 13

**음독** ちん
- 運賃 운임 うんちん
- 賃上げ 임금인상 ちんあ
- 賃金 임금 ちんぎん
- 賃貸 임대 ちんたい
- 手間賃 수고비 てまちん
- 電車賃 전철요금 でんしゃちん
- 船賃 뱃삯 ふなちん
- 家賃 집세 やちん

**훈독** —

## 279: N2

**追** 쫓을 추 / 辶 | 9

**음독** つい
- 追加 추가 ついか
- 追究 추구, 구명 ついきゅう
- 追求 추구 ついきゅう
- 追及 추궁 ついきゅう
- 追従 추종 ついじゅう
- 追放 추방 ついほう

**훈독** おう
- 追う 뒤쫓아가다 お
- 追い風 순풍 おかぜ
- 追い出す 내쫓다 おだ

## 280: N2

**底** 밑 저 / 广 | 8

**음독** てい
- 海底 해저 かいてい
- 根底 근저, 밑바탕 こんてい
- 底辺 저변, 밑변 ていへん

**훈독** そこ
- 底 밑바닥 そこ
- 川底 강바닥 かわぞこ
- 底力 저력 そこぢから

## 281: N2

**停** 머무를 정 / 亻 | 11

**음독** てい
- 調停 조정 ちょうてい
- 停止 정지 ていし
- 停車 정차 ていしゃ
- 停車場 정거장 ていしゃじょう
- 停戦 정전 ていせん
- 停電 정전 ていでん
- 停留所 정류소 ていりゅうじょ

**훈독** —

## 282: N2

**程** 한도/길 정
禾 | 12

**음독** てい
- 過程 과정 かてい
- 工程 공정 こうてい
- 程度 정도 ていど
- 日程 일정 にってい
- 旅程 여정 りょてい

**훈독** ほど
- 程 정도 ほど
- 程よい 알맞다, 적당하다 ほど

## 283: N2

**泥** 진흙 니(이)
氵| 8

**음독** でい
- 雲泥の差 천양지차 うんでいのさ

**훈독** どろ
- 泥 진흙 どろ
- 泥棒 도둑 どろぼう

## 284: N2

**滴** 물방울 적
氵| 14

**음독** てき
- 一滴 한 방울 いってき
- 水滴 물방울 すいてき
- 点滴 링거주사 てんてき

**훈독** しずく / したたる
- 滴 물방울 しずく
- 滴る 떨어지다, 철철 넘치다 したた

## 285: N2

**適** 맞을 적
辶| 14

**음독** てき
- 快適 쾌적 かいてき
- 最適 최적 さいてき
- 適応 적응 てきおう
- 適材適所 적재적소 てきざいてきしょ
- 適切 적절 てきせつ
- 適度 적당 てきど
- 適量 적량 てきりょう

**훈독** ―

## 286: N2

**展** 펼 전
尸 | 10

**음독** てん
- 進展 진전 しんてん
- 展開 전개 てんかい
- 展示 전시 てんじ
- 展望 전망 てんぼう
- 展覧会 전람회 てんらんかい
- 発展 발전 はってん

**훈독** ―

## 287: N2

**殿** 전각 전
殳 | 13

**음독** でん / てん

神殿 신전
しんでん

殿下 전하
でんか

殿堂 전당
でんどう

御殿 어전
ごてん

**훈독** との / どの

殿 주군 등 귀인에 대한 높임말
との

殿様 군주, 귀인
とのさま

殿 님, 씨, 귀하
どの

## 288: N2

**途** 길 도
辶 | 10

**음독** と

帰途 귀로
きと

前途 전도
ぜんと

途端 찰나
とたん

途中 도중
とちゅう

途方 수단, 방법, 조리
とほう

別途 별도
べっと

**훈독** —

## 289: N2

**塗** 칠할 도
土 | 13

**음독** と

塗装 도장
とそう

塗布 도포
とふ

塗料 도료
とりょう

**훈독** ぬる

塗る 칠하다, 바르다
ぬ

塗り薬 바르는 약
ぬ ぐすり

## 290: N2

**努** 힘쓸 노
力 | 7

**음독** ど

努力 노력
どりょく

努力家 노력가
どりょくか

**훈독** つとめる

努める 힘쓰다
つと

努めて 애써, 가능한 한
つと

## 291: N2

**怒** 성낼 노(로)
心 | 9

**음독** ど

激怒 격노
げきど

怒気 노기
どき

**훈독** いかる / おこる

怒る 화내다
いか

怒る 화내다, 꾸짖다
おこ

## 292: N2

**灯** 등잔 등
火 | 6
燈

**음독** とう
- 街灯 がいとう 가로등
- 消灯 しょうとう 소등
- 点灯 てんとう 점등
- 電灯 でんとう 전등
- 灯台 とうだい 등대
- 灯油 とうゆ 등유

**훈독** ひ
- 灯 ひ 등

## 293: N2

**投** 던질 투
扌 | 7

**음독** とう
- 投下 とうか 투하
- 投資 とうし 투자
- 投手 とうしゅ 투수
- 投書 とうしょ 투서
- 投石 とうせき 투석
- 投票 とうひょう 투표
- 暴投 ぼうとう 폭투

**훈독** なげる
- 投げる なげる 던지다
- 身投げ みなげ 투신

## 294: N2

**逃** 도망할 도
辶 | 9

**음독** とう
- 逃走 とうそう 도주
- 逃避 とうひ 도피
- 逃亡 とうぼう 도망

**훈독** にげる / にがす / のがす / のがれる
- 逃げる にげる 도망치다, 빠져나가다
- 逃がす にがす 도피시키다, 놓치다
- 逃す のがす 놓아주다, 놓치다
- 逃れる のがれる 달아나다, 피하다

## 295: N2

**倒** 넘어질 도
亻 | 10

**음독** とう
- 圧倒 あっとう 압도
- 卒倒 そっとう 졸도
- 打倒 だとう 타도
- 転倒 てんとう 전도, 넘어짐
- 倒産 とうさん 도산

**훈독** たおれる / たおす
- 倒れる たお 넘어지다, 전복되다, 도산하다, 쓰러지다
- 倒す たお 쓰러뜨리다, 무너뜨리다, 꺾다, 떼어먹다

## 296: N2

### 凍
얼 동
冫 | 10

**음독** とう
- 解凍 해동 かいとう
- 凍結 동결 とうけつ
- 凍死 동사 とうし
- 凍傷 동상 とうしょう
- 冷凍 냉동 れいとう

**훈독** こおる / こごえる
- 凍る 얼다 こお
- 凍える 몸에 감각이 둔해지거나 없어지다 こご

## 297: N2

### 党
무리 당
儿 | 10
(黨)

**음독** とう
- 悪党 악당 あくとう
- 結党 결당 けっとう
- 政党 정당 せいとう
- 党員 당원 とういん
- 党派 당파 とうは
- 入党 입당 にゅうとう
- 野党 야당 やとう
- 与党 여당 よとう

**훈독** —

## 298: N2

### 盗
훔칠 도
皿 | 11
(盗)

**음독** とう
- 強盗 강도 ごうとう
- 窃盗 절도 せっとう
- 盗聴 도청 とうちょう
- 盗難 도난 とうなん
- 盗用 도용 とうよう
- 盗塁 도루 とうるい

**훈독** ぬすむ
- 盗む 훔치다 ぬす

## 299: N2

### 塔
탑 탑
土 | 12

**음독** とう
- 管制塔 관제탑 かんせいとう
- 五重塔 5중탑 ごじゅうとう
- 石塔 석탑 せきとう
- 鉄塔 철탑 てっとう

**훈독** —

## 300: N2

### 等
무리 등
竹 | 12

**음독** とう
- 一等賞 1등상 いっとうしょう
- 均等 균등 きんとう
- 高等 고등 こうとう
- 上等 상등 じょうとう
- 対等 대등 たいとう
- 同等 동등 どうとう
- 等分 등분 とうぶん
- 平等 평등 びょうどう

**훈독** ひとしい
- 等しい 똑같다 ひと

## 301: N2 筒 통 통 竹 | 12

**음독** とう
- 円筒 えんとう 원통
- 水筒 すいとう 물통
- 封筒 ふうとう 봉투

**훈독** つつ
- 竹筒 たけづつ 죽통

## 302: N2 童 아이 동 立 | 12

**음독** どう
- 児童 じどう 아동
- 神童 しんどう 신동
- 童顔 どうがん 동안
- 童心 どうしん 동심
- 童話 どうわ 동화

**훈독** わらべ
- 童 わらべ 아이들
- 童歌 わらべうた 전래동요

## 303: N2 銅 구리 동 金 | 14

**음독** どう
- 青銅 せいどう 청동
- 銅線 どうせん 동선
- 銅像 どうぞう 동상
- 銅板 どうばん 동판

**훈독** –

## 304: N2 導 인도할 도 寸 | 15

**음독** どう
- 指導 しどう 지도
- 先導 せんどう 선도
- 導火線 どうかせん 도화선
- 導入 どうにゅう 도입
- 誘導 ゆうどう 유도

**훈독** みちびく
- 導く みちびく 인도하다
- 導き出す みちびきだす 이끌어내다

## 305: N2 得 얻을 득 彳 | 11

**음독** とく
- 会得 えとく 터득
- 取得 しゅとく 취득
- 所得 しょとく 소득
- 説得 せっとく 설득
- 得意 とくい 장기
- 得策 とくさく 상책
- 得点 とくてん 득점
- 納得 なっとく 납득

**훈독** える / うる
- 得る・得る える・うる 얻다
- 有り得る ありうる 있을 수 있다
- 心得る こころえる 이해하다, 승낙하다, 소양을 지니다

## 306: N2

**毒** 독 독
母 | 8

**음독** どく
- 害毒 해독 がいどく
- 消毒 소독 しょうどく
- 食中毒 식중독 しょくちゅうどく
- 中毒 중독 ちゅうどく
- 毒草 독초 どくそう
- 毒物 독물 どくぶつ
- 毒薬 독약 どくやく
- 有毒 유독 ゆうどく

**훈독** –

## 307: N2

**独** 홀로 독
犭 | 9
 獨

**음독** どく
- 単独 단독 たんどく
- 独学 독학 どくがく
- 独裁 독재 どくさい
- 独唱 독창 どくしょう
- 独身 독신 どくしん
- 独断 독단 どくだん
- 独立 독립 どくりつ

**훈독** ひとり
- 独り 혼자 ひと
- 独り言 혼잣말 ひとごと

## 308: N2

**突** 갑자기 돌
穴 | 8
 突

**음독** とつ
- 激突 격돌 げきとつ
- 衝突 충돌 しょうとつ
- 追突 추돌 ついとつ
- 突然 돌연 とつぜん
- 突入 돌입 とつにゅう
- 突破 돌파 とっぱ
- 突発 돌발 とっぱつ
- 突飛 유별남, 엉뚱함 とっぴ

**훈독** つく
- 突く 찌르다 つ

## 309: N2

**届** 이를 계
尸 | 8
 届

**음독** –

**훈독** とどける / とどく
- 届ける 전하다, 신고하다 とど
- 欠席届け 결석신고 けっせきとど
- 届け先 보낼 곳 とど さき
- 届け出 신고 とど で
- 届く 닿다 とど

## 310: N2

**鈍** 둔할 둔
金 | 12

**음독** どん
- 愚鈍 우둔 ぐどん
- 鈍感 둔감 どんかん
- 鈍器 둔기 どんき
- 鈍才 둔재 どんさい

**훈독** にぶい / にぶる
- 鈍い 둔하다 にぶ
- 鈍る 무디어지다, 둔해지다 にぶ

## 311: N2

**軟** 연할 연
車 | 11

**음독** なん
- 硬軟 강경함과 유연함 / こうなん
- 柔軟 유연 / じゅうなん
- 軟禁 연금 / なんきん
- 軟骨 연골 / なんこつ
- 軟弱 연약 / なんじゃく

**훈독** やわらか / やわらかい
- 軟らか 폭신함, 유연함, 부드러움 / やわ
- 軟らかい 부드럽다, 폭신폭신하다, 온화하다, 유연하다 / やわ

## 312: N2

**難** 어려울 난
隹 | 18

**음독** なん
- 苦難 고난 / くなん
- 困難 곤란 / こんなん
- 災難 재난 / さいなん
- 難易 어려움과 쉬움 / なんい
- 難関 난관 / なんかん
- 難病 난병 / なんびょう
- 難民 난민 / なんみん
- 非難 비난 / ひなん

**훈독** かたい / むずかしい
- 難い 어렵다 / かた
- 有り難い 고맙다 / ありがた
- 難しい 어렵다 / むずか

## 313: N2

**乳** 젖 유
乚 | 8

**음독** にゅう
- 牛乳 우유 / ぎゅうにゅう
- 乳製品 유제품 / にゅうせいひん
- 母乳 모유 / ぼにゅう

**훈독** ちち / ち
- 乳 젖 / ちち
- ◆ 乳母 유모 / うば

## 314: N2

**任** 맡길 임
亻 | 6

**음독** にん
- 委任 위임 / いにん
- 新任 신임 / しんにん
- 責任 책임 / せきにん
- 退任 퇴임 / たいにん
- 担任 담임 / たんにん
- 任期 임기 / にんき
- 任務 임무 / にんむ
- 任命 임명 / にんめい

**훈독** まかす / まかせる
- 任す 맡기다 / まか
- 任せる 맡기다 / まか

## 315: N2

**認**
알 인
言 | 14

**음독** にん

確認 확인
かくにん

承認 승인
しょうにん

認可 인가
にん か

認識 인식
にんしき

否認 부인
ひ にん

**훈독** みとめる

認める 인정하다
みと

認め印 도장
みと   いん

## 316: N2

**燃**
탈 연
火 | 16

**음독** ねん

可燃性 가연성
か ねんせい

燃焼 연소
ねんしょう

燃料 연료
ねんりょう

**훈독** もえる / もやす / もす

燃える 불타다
も

燃え上がる 타오르다
も   あ

燃やす 불태우다
も

## 317: N2

**悩**
번뇌할 뇌
忄 | 10

**음독** のう

苦悩 고뇌
く のう

悩殺 뇌쇄
のうさつ

煩悩 번뇌
ぼんのう

**훈독** なやむ / なやます

悩む 고민하다, 고생하다
なや

悩ます 괴롭히다
なや

## 318: N2

**脳**
머리/뇌 뇌
月 | 11

**음독** のう

首脳 수뇌
しゅのう

小脳 소뇌
しょうのう

頭脳 두뇌
ず のう

大脳 대뇌
だいのう

脳卒中 뇌졸중
のうそっちゅう

脳波 뇌파
のう は

**훈독** —

## 319: N2

**農**
농사 농
辰 | 13

**음독** のう

農家 농가
のう か

農業 농업
のうぎょう

農作物 농작물
のうさくぶつ

農場 농장
のうじょう

農村 농촌
のうそん

農夫 농부
のう ふ

農民 농민
のうみん

**훈독** —

## 320: N2

**濃** 짙을 농
氵| 16

**음독** のう
- 濃厚 (のうこう) 농후
- 濃縮 (のうしゅく) 농축
- 濃淡 (のうたん) 농담
- 濃度 (のうど) 농도
- 濃霧 (のうむ) 짙은 안개

**훈독** こい
- 濃い (こ) 짙다

## 321: N2

**破** 깨뜨릴 파
石 | 10

**음독** は
- 打破 (だは) 타파
- 読破 (どくは) 독파
- 破格 (はかく) 파격
- 破産 (はさん) 파산
- 破損 (はそん) 파손
- 破片 (はへん) 파편

**훈독** やぶる / やぶれる
- 破る (やぶ) 어기다, 깨다
- 破れる (やぶ) 찢어지다, 깨지다

## 322: N2

**拝** 절 배
扌| 8
拝

**음독** はい
- 参拝 (さんぱい) 참배
- 拝見 (はいけん) 삼가 봄
- 拝読 (はいどく) 삼가 읽음
- 礼拝 (れいはい) 예배

**훈독** おがむ
- 拝む (おが) 두 손 모아 빌다, 절하다

## 323: N2

**泊** 머무를/배 댈 박
氵| 8

**음독** はく
- 外泊 (がいはく) 외박
- 宿泊 (しゅくはく) 숙박
- 停泊 (ていはく) 정박

**훈독** とまる / とめる
- 泊まる (と) 숙박하다
- 泊める (と) 숙박시키다, 정박시키다

## 324: N2

**爆** 불 터질 폭
火 | 19

**음독** ばく
- 原爆 (げんばく) 원폭
- 爆音 (ばくおん) 폭음
- 爆撃 (ばくげき) 폭격
- 爆笑 (ばくしょう) 폭소
- 爆弾 (ばくだん) 폭탄
- 爆発 (ばくはつ) 폭발

**훈독** —

## 325: N2
**髪** 터럭 발
髟 | 14

**음독** はつ
- 金髪 きんぱつ 금발
- 長髪 ちょうはつ 장발
- 頭髪 とうはつ 두발
- 毛髪 もうはつ 모발
- 理髪 りはつ 이발
- 白髪 はくはつ=しらが 백발

**훈독** かみ
- 髪 かみ 머리카락
- 髪形 かみがた 머리 모양
- 髪の毛 かみのけ 머리카락

## 326: N2
**抜** 뺄 발
扌 | 7

**음독** ばつ
- 海抜 かいばつ 해발
- 奇抜 きばつ 기발
- 選抜 せんばつ 선발
- 抜群 ばつぐん 발군
- 抜粋 ばっすい 발췌
- 抜擢 ばってき 발탁
- 抜本 ばっぽん 발본

**훈독** ぬく / ぬける / ぬかす / ぬかる
- 抜く ぬく 뽑다, 빼다
- 抜ける ぬける 빠지다
- 抜かす ぬかす 거르다, 따돌리다, 힘이 빠지다
- 抜かる ぬかる 부주의로 실수하다

## 327: N2
**犯** 범할 범
犭 | 5

**음독** はん
- 現行犯 げんこうはん 현행범
- 主犯 しゅはん 주범
- 犯行 はんこう 범행
- 犯罪 はんざい 범죄
- 防犯 ぼうはん 방범

**훈독** おかす
- 犯す おかす 저지르다, 범하다

## 328: N2
**判** 판단할 판
刂 | 7

**음독** はん / ばん
- 裁判 さいばん 재판
- 判決 はんけつ 판결
- 判事 はんじ 판사
- 判断 はんだん 판단
- 判定 はんてい 판정
- 判別 はんべつ 판별
- 判明 はんめい 판명
- 批判 ひはん 비판
- 評判 ひょうばん 평판

**훈독** —

## 329: N2
**坂** 언덕 판
土 | 7

**음독** はん
- 急坂 きゅうはん 가파른 언덕

**훈독** さか
- 坂 さか 언덕
- 下り坂 くだりざか 내리막
- 坂道 さかみち 언덕길
- 上り坂 のぼりざか 오르막

| | | |
|---|---|---|
| **330: N2**<br>**板**<br>널빤지 판<br>木 | 8 | **음독** はん / ばん<br>回覧板 회람판 　看板 간판 　黒板 흑판 　鉄板 철판<br>かいらんばん 　 かんばん 　 こくばん 　 てっぱん<br>伝言板 전언판 　登板 등판<br>でんごんばん 　 とうばん<br>**훈독** いた<br>板 판자 　板前 요리사<br>いた 　 いたまえ | |
| **331: N2**<br>**版**<br>판목 판<br>片 | 8 | **음독** はん<br>旧版 구판 　出版 출판 　初版 초판 　新版 신판<br>きゅうはん 　 しゅっぱん 　 しょはん 　 しんぱん<br>絶版 절판 　版画 판화<br>ぜっぱん 　 はんが<br>**훈독** ― | |
| **332: N2**<br>**否**<br>아닐 부<br>口 | 7 | **음독** ひ<br>安否 안부 　可否 옳음과 그름 　合否 합격 여부 　賛否 찬성 여부<br>あんぴ 　 かひ 　 ごうひ 　 さんぴ<br>否決 부결 　否定 부정 　否認 부인<br>ひけつ 　 ひてい 　 ひにん<br>**훈독** いな<br>否 아니, 아니오<br>いな | |
| **333: N2**<br>**批**<br>비평할 비<br>扌 | 7 | **음독** ひ<br>批判 비판 　批評 비평 　批評家 비평가<br>ひはん 　 ひひょう 　 ひひょうか<br>**훈독** ― | |
| **334: N2**<br>**疲**<br>피곤할 피<br>疒 | 10 | **음독** ひ<br>疲弊 피폐 　疲労 피로<br>ひへい 　 ひろう<br>**훈독** つかれる<br>疲れる 지치다<br>つか | |

## 335: N2 被 — 입을 피 — ネ | 10

**음독** ひ

- 被害 피해 (ひがい)
- 被告 피고 (ひこく)
- 被災 화재나 수해 등의 재난을 당함 (ひさい)
- 被爆 피폭 (ひばく)
- 被服 피복 (ひふく)
- 法被 상공인 등이 옷 위에 걸쳐 입는 웃옷 (はっぴ)

**훈독** こうむる

- 被る 입다 (こうむ)

## 336: N2 悲 — 슬플 비 — 心 | 12

**음독** ひ

- 悲運 비운 (ひうん)
- 悲願 비원 (ひがん)
- 悲観的 비관적 (ひかんてき)
- 悲劇 비극 (ひげき)
- 悲鳴 비명 (ひめい)

**훈독** かなしい / かなしむ

- 悲しい 슬프다 (かな)
- 悲しがる 슬퍼하다 (かな)
- 悲しむ 슬퍼하다 (かな)

## 337: N2 備 — 갖출 비 — イ | 12

**음독** び

- 完備 완비 (かんび)
- 守備 수비 (しゅび)
- 準備 준비 (じゅんび)
- 整備 정비 (せいび)
- 設備 설비 (せつび)
- 装備 장비 (そうび)
- 備考 비고 (びこう)
- 備品 비품 (びひん)
- 予備 예비 (よび)

**훈독** そなえる / そなわる

- 備える 갖추다 (そな)
- 備わる 갖추어지다 (そな)

## 338: N2 筆 — 붓 필 — 竹 | 12

**음독** ひつ

- 達筆 달필 (たっぴつ)
- 筆記 필기 (ひっき)
- 筆者 필자 (ひっしゃ)
- 筆順 필순 (ひつじゅん)

**훈독** ふで

- 筆 붓 (ふで)
- 筆入れ 필통 (ふでい)

## 339: N2 評 — 평론할 평 — 言 | 12 (評)

**음독** ひょう

- 悪評 악평 (あくひょう)
- 好評 호평 (こうひょう)
- 書評 서평 (しょひょう)
- 定評 정평 (ていひょう)
- 批評 비평 (ひひょう)
- 評価 평가 (ひょうか)
- 評議会 평의회 (ひょうぎかい)
- 評論 평론 (ひょうろん)

**훈독** –

## 340: N2
**標** 표할 표
木 | 15

**음독** ひょう
道路標識 도로표지　標語 표어　標示 표시　標準 표준
どうろひょうしき　　ひょうご　　　ひょうじ　　ひょうじゅん
標本 표본　目標 목표
ひょうほん　もくひょう

**훈독** —

## 341: N2
**猫** 고양이 묘
犭 | 11

**음독** びょう
猫額 고양이 이마, 좁음
びょうがく

**훈독** ねこ
猫 고양이　猫要らず 쥐약　猫被り 내숭을 떪
ねこ　　　ねこいらず　　　ねこかぶり
猫舌 뜨거운 것을 못 먹는 사람
ねこじた

## 342: N2
**貧** 가난할 빈
貝 | 11

**음독** ひん / びん
清貧 청빈　貧血 빈혈　貧困 빈곤　貧弱 빈약　貧富 빈부
せいひん　ひんけつ　ひんこん　ひんじゃく　ひんぷ
貧乏 가난
びんぼう

**훈독** まずしい
貧しい 가난하다
まず

## 343: N2
**瓶** 병 병
瓦 | 12
瓶

**음독** びん
花瓶 화병　ガラス瓶 유리병　瓶詰 병조림
かびん　　　　　びん　　　　びんづめ

**훈독** —

## 344: N2
**布** 베/펄 포
巾 | 5

**음독** ふ
公布 공포　配布 배포　布教 포교　分布 분포　毛布 모포
こうふ　　はいふ　　ふきょう　　ぶんぷ　　もうふ

**훈독** ぬの
布 직물　布地 옷감의 질
ぬの　　ぬのじ

## 345: N2

### 怖
두려워할 포
忄 | 8

**음독** ふ
恐怖 공포
きょうふ

**훈독** こわい
怖い 무섭다
こわ

## 346: N2

### 負
질 부
貝 | 9

**음독** ふ
自負 자부  勝負 승부  負債 부채  負傷 부상
じふ       しょうぶ    ふさい      ふしょう
負担 부담  抱負 포부
ふたん      ほうふ

**훈독** まける / まかす / おう
負ける 지다   負け犬 패배자   負けず劣らず 막상막하
ま           ま いぬ         ま       おと
負けず嫌い 지기 싫어함   負かす 이기다   負う 짊어지다
ま   ぎら                ま              お
背負う 업다
せ お

## 347: N2

### 浮
뜰 부
氵 | 10

**음독** ふ
浮上 부상   浮力 부력   浮浪 부랑
ふじょう    ふりょく     ふろう

**훈독** うく / うかれる / うかぶ / うかべる
浮く 뜨다   浮世絵 우키요에   浮気 바람기, 바람을 피움
う          うきよえ          うわき
浮かれる 들뜨다   浮かぶ 뜨다   浮かべる 띄우다, 떠올리다
う                 う            う

## 348: N2

### 婦
며느리 부
女 | 11

**음독** ふ
看護婦 간호원   産婦人科 산부인과   主婦 주부   新婦 신부
かんごふ        さんふじんか        しゅふ       しんぷ
夫婦 부부
ふうふ

**훈독** —

## 349: N2
### 符
부호 부
竹 | 11

**음독** ふ
音符 음부, 음표 / おんぷ
切符 표 / きっぷ
符合 부합 / ふごう
符号 부호 / ふごう

**훈독** —

---

## 350: N2
### 富
부자 부
宀 | 12

**음독** ふ / ふう
国富 국부 / こくふ
貧富 빈부 / ひんぷ
富強 부강 / ふきょう
豊富 풍부 / ほうふ
富貴 부귀 / ふうき

**훈독** とむ / とみ
富む 부자가 되다 / とむ
富み 부, 재산 / とみ

---

## 351: N2
### 膚
살갗 부
月 | 15

**음독** ふ
皮膚 피부 / ひふ

**훈독** —

---

## 352: N2
### 武
호반 무
止 | 8

**음독** ぶ / む
武器 무기 / ぶき
武士 무사 / ぶし
武術 무술 / ぶじゅつ
武将 무장 / ぶしょう
武道 무도 / ぶどう
武勇伝 무용전 / ぶゆうでん
武者 무사 / むしゃ

**훈독** —

---

## 353: N2
### 舞
춤출 무
舛 | 15

**음독** ぶ
歌舞伎 가부키 / かぶき
舞台 무대 / ぶたい
舞踏 무도 / ぶとう
乱舞 난무 / らんぶ

**훈독** まう / まい
舞う 날다, 춤추다 / まう
舞い 무용, 춤 / まい

## 354: N2
### 封
봉할 봉
寸 | 9

**음독** ふう / ほう

封印 봉한 편지  封切り 개봉  封書 봉인  封筒 봉투
ふういん  ふうき  ふうしょ  ふうとう
密封 밀봉  封建的 봉건적
みっぷう  ほうけんてき

**훈독** —

---

## 355: N2
### 副
버금 부
刂 | 11

**음독** ふく

副会長 부회장  副業 부업  副作用 부작용  副産物 부산물
ふくかいちょう  ふくぎょう  ふくさよう  ふくさんぶつ
副社長 부사장  副食物 부식물  副題 부제목
ふくしゃちょう  ふくしょくぶつ  ふくだい

**훈독** —

---

## 356: N2
### 幅
폭 폭
巾 | 12

**음독** ふく

振幅 진폭  全幅 전폭
しんぷく  ぜんぷく

**훈독** はば

幅 폭  値幅 가격차  幅跳び 멀리뛰기  歩幅 보폭
はば  ねはば  はばとび  ほはば

---

## 357: N2
### 復
회복할 복
다시 부
彳 | 12

**음독** ふく

往復 왕복  回復 회복  反復 반복  復元 복원  復習 복습
おうふく  かいふく  はんぷく  ふくげん  ふくしゅう
復唱 복창  復活 부활  復帰 복귀  復興 부흥  報復 보복
ふくしょう  ふっかつ  ふっき  ふっこう  ほうふく

**훈독** —

---

## 358: N2
### 腹
배 복
月 | 13

**음독** ふく

空腹 공복  山腹 산중턱  腹案 복안  腹痛 복통
くうふく  さんぷく  ふくあん  ふくつう
腹部 복부  腹筋 복근
ふくぶ  ふっきん

**훈독** はら

腹 배  腹黒い 엉큼하다
はら  はらぐろい

## 359: N2 複 겹칠 복 ネ | 14

**음독** ふく

- 重複 중복 じゅうふく
- 複合語 복합어 ふくごうご
- 複雑 복잡 ふくざつ
- 複写 복사 ふくしゃ
- 複数 복수 ふくすう
- 複製 복제 ふくせい

**훈독** —

## 360: N2 沸 끓을 비 氵 | 8

**음독** ふつ

- 沸点 끓는 점 ふってん
- 沸騰 비등 ふっとう

**훈독** わく / わかす

- 沸く 끓다 わ
- 沸かす 끓이다 わ
- 沸かし湯 끓인 물 わ ゆ

## 361: N2 粉 가루 분 米 | 10

**음독** ふん

- 花粉 꽃가루 かふん
- 受粉 수분 じゅふん
- 鉄粉 철분 てっぷん
- 粉骨 분골 ふんこつ
- 粉乳 분유 ふんにゅう
- 粉末 분말 ふんまつ

**훈독** こ / こな

- 小麦粉 밀가루 こむぎこ
- 粉 가루, 분말 こな
- 粉薬 가루약 こなぐすり
- 粉々 산산조각 こなごな

## 362: N2 平 평평할 평 干 | 5 (平)

**음독** へい / びょう

- 公平 공평 こうへい
- 平易 평이 へいい
- 平面 평면 へいめん
- 平野 평야 へいや
- 平和 평화 へいわ
- 平等 평등 びょうどう

**훈독** たいら / ひら

- 平ら 평평함 たい
- 平らげる 진압하다, 다 먹어 치우다 たい
- 平社員 평사원 ひらしゃいん

## 363: N2 兵 병사 병 八 | 7

**음독** へい / ひょう

- 敵兵 적병 てきへい
- 派兵 파병 はへい
- 兵役 병역 へいえき
- 兵器 병기 へいき
- 兵士 병사 へいし
- 兵力 병력 へいりょく
- 老兵 노병 ろうへい

**훈독** —

| | | |
|---|---|---|
| **364: N2**<br>壁<br>벽 벽<br>土 \| 16 | **음독** へき<br>岩壁 암벽 (がんぺき) 　 城壁 성벽 (じょうへき) 　 壁画 벽화 (へきが) 　 壁面 벽면 (へきめん)<br>**훈독** かべ<br>壁 벽, 난관 (かべ) 　 壁紙 벽지 (かべがみ) | |
| **365: N2**<br>片<br>조각 편<br>片 \| 4 | **음독** へん<br>断片 단편 (だんぺん) 　 破片 파편 (はへん)<br>**훈독** かた<br>片 한쪽, 짝 (かた) 　 片側 한쪽 (かたがわ) 　 片方 한쪽 (かたほう) 　 片道 편도 (かたみち) | |
| **366: N2**<br>辺<br>가 변<br>辶 \| 5<br>邊 | **음독** へん<br>近辺 근처, 부근 (きんぺん) 　 周辺 주변 (しゅうへん) 　 身辺 신변 (しんぺん) 　 その辺 그 근처 (そのへん)<br>底辺 저변, 밑변 (ていへん)<br>**훈독** あたり / べ<br>辺り 근처 (あたり) 　 海辺 해변 (うみべ) 　 川辺 강변 (かわべ) 　 岸辺 물가 (きしべ) 　 水辺 물가 (みずべ) | |
| **367: N2**<br>編<br>엮을 편<br>糸 \| 15 | **음독** へん<br>後編 후편 (こうへん) 　 続編 속편 (ぞくへん) 　 長編 장편 (ちょうへん) 　 編曲 편곡 (へんきょく)<br>編集 편집 (へんしゅう) 　 編成 편성 (へんせい) 　 編入 편입 (へんにゅう)<br>**훈독** あむ<br>編む 뜨다, 편집하다, 짜다 (あむ) 　 編み物 니트 (あみもの) | |
| **368: N2**<br>保<br>지킬 보<br>イ \| 9 | **음독** ほ<br>確保 확보 (かくほ) 　 保育 보육 (ほいく) 　 保管 보관 (ほかん) 　 保健室 보건실 (ほけんしつ)<br>保護 보호 (ほご) 　 保存 보존 (ほぞん) 　 保留 보류 (ほりゅう)<br>**훈독** たもつ<br>保つ 유지하다 (たもつ) | |

## 369: N2

**捕** 잡을 포
扌 | 10

**[음독]** ほ

捕球 포구
ほきゅう

捕手 포수
ほしゅ

捕虜 포로
ほりょ

**[훈독]** とらえる / とらわれる / とる / つかまえる / つかまる

捕らえる 잡다, 붙잡다
と

捕らわれる 붙잡히다
と

捕る 잡다
と

捕まえる 잡다, 붙잡다
つか

捕まる 잡히다
つか

## 370: N2

**補** 기울/도울 보
ネ | 12

**[음독]** ほ

候補 후보
こうほ

補給 보급
ほきゅう

補欠 보궐, 후보
ほけつ

補習 보습
ほしゅう

補助 보조
ほじょ

補足 보충하여 채움
ほそく

補導 보도
ほどう

**[훈독]** おぎなう

補う 보충하다
おぎな

## 371: N2

**暮** 저물 모
日 | 14

**[음독]** ぼ

暮春 늦봄
ぼしゅん

**[훈독]** くれる / くらす

暮れる 저물다
く

日暮れ 황혼, 해질 무렵
ひぐ

夕暮れ 해질 녘, 황혼
ゆうぐ

暮らす 생활하다
く

## 372: N2

**抱** 안을 포
扌 | 8

**[음독]** ほう

抱負 포부
ほうふ

抱擁 포옹
ほうよう

**[훈독]** だく / いだく / かかえる

抱く 안다
だ

抱く 품다
いだ

抱える 감싸 쥐다, 맡다
かか

## 373: N2
### 放
놓을 방
攵 | 8

**음독** ほう
- 解放 해방 かいほう
- 追放 추방 ついほう
- 放課後 방과 후 ほうかご
- 放射能 방사능 ほうしゃのう
- 放送 방송 ほうそう

**훈독** はなす / はなつ / はなれる / ほうる
- 放す 놓아주다, 놓다 はな
- 手放す 손을 떼다 てばな
- 放つ 놓아주다 はな
- 放れる 놓이다, 풀리다 はな
- 放る 던지다, 포기하다 ほう

## 374: N2
### 訪
찾을 방
言 | 11

**음독** ほう
- 探訪 탐방 たんぼう
- 訪問 방문 ほうもん
- 来訪 내방 らいほう
- 歴訪 역방 れきほう

**훈독** おとずれる / たずねる
- 訪れる 방문하다, 찾아오다 おとず
- 訪ねる 방문하다 たず

## 375: N2
### 報
갚을/알릴 보
土 | 12

**음독** ほう
- 警報 경보 けいほう
- 誤報 오보 ごほう
- 速報 속보 そくほう
- 電報 전보 でんぽう
- 報告 보고 ほうこく
- 報復 보복 ほうふく
- 予報 예보 よほう

**훈독** むくいる
- 報いる 보답하다 むく

## 376: N2
### 豊
풍년 풍
豆 | 13

**음독** ほう
- 豊作 풍작 ほうさく
- 豊年 풍년 ほうねん
- 豊富 풍부 ほうふ

**훈독** ゆたか
- 豊か 풍족함, 풍부함 ゆた

## 377: N2
### 防
막을 방
阝 | 7

**음독** ぼう
- 消防車 소방차 しょうぼうしゃ
- 防衛 방위 ぼうえい
- 防火 방화 ぼうか
- 防寒具 방한구 ぼうかんぐ
- 防災 방재 ぼうさい
- 防止 방지 ぼうし
- 防犯 방범 ぼうはん
- 予防 예방 よぼう

**훈독** ふせぐ
- 防ぐ 방지하다, 막다 ふせ

## 378: N2

**望**
바랄 망
月 | 11

**음독** ぼう / もう

願望 원망 / がんぼう
希望 희망 / きぼう
志望 지망 / しぼう
失望 실망 / しつぼう
人望 인망 / じんぼう
絶望 절망 / ぜつぼう
望遠鏡 망원경 / ぼうえんきょう
要望 요망 / ようぼう
大望 대망 / たいもう
本望 본래의 희망 / ほんもう

**훈독** のぞむ

望む 바라다 / のぞ
望み 희망, 소망 / のぞ

## 379: N2

**帽**
모자 모
巾 | 12

**음독** ぼう

学帽 학모 / がくぼう
脱帽 탈모 / だつぼう
帽子 모자 / ぼうし

**훈독** ―

## 380: N2

**棒**
막대 봉
木 | 12

**음독** ぼう

相棒 짝 / あいぼう
鉄棒 철봉 / てつぼう
平行棒 평행봉 / へいこうぼう
棒読み 억양없이 읽음 / ぼうよ
用心棒 경호인, 보디가드 / ようじんぼう

**훈독** ―

## 381: N2

**暴**
사나울 폭
日 | 15

**음독** ぼう / ばく

暴言 폭언 / ぼうげん
暴行 폭행 / ぼうこう
暴走 폭주 / ぼうそう
暴風 폭풍 / ぼうふう
暴落 폭락 / ぼうらく
暴力 폭력 / ぼうりょく
乱暴 난폭 / らんぼう

**훈독** あばく / あばれる

暴く 폭로하다 / あば
暴れる 날뛰다 / あば

## 382: N2

**磨**
갈 마
石 | 16

**음독** ま

研磨 연마 / けんま
磨滅 마멸 / まめつ

**훈독** みがく

磨く 닦다 / みが
靴磨き 구두닦기 / くつみがき

## 383: N2

埋
묻을 매
土 | 10

**음독** まい
埋設 매설
まいせつ
埋蔵 매장
まいぞう
埋没 매몰
まいぼつ

**훈독** うめる / うまる / うもれる
埋める 묻다, 메우다
う
穴埋め 구멍을 메움, 결손보충
あな う
埋立て 매립
うめ た
埋まる 묻히다, 메워지다
う
埋もれる 묻히다, 덮이다
う

## 384: N2

満
찰 만
氵 | 12
滿

**음독** まん
不満 불만
ふまん
満員 만원
まんいん
満開 만개
まんかい
満期 만기
まんき
満喫 만끽
まんきつ
満月 만월
まんげつ
満席 만석
まんせき
満足 만족
まんぞく
満点 만점
まんてん

**훈독** みちる / みたす
満ちる 가득 차다
み
満ち潮 밀물
み しお
満たす 가득 채우다
み

## 385: N2

迷
미혹할 미
辶 | 9
迷

**음독** めい
混迷 혼미
こんめい
低迷 침체 상태
ていめい
迷信 미신
めいしん
迷路 미로
めいろ

**훈독** まよう
迷う 헤매다
まよ
迷子 미아
まい ご

## 386: N2

鳴
울 명
鳥 | 14

**음독** めい
共鳴 동감함, 공감함
きょうめい
悲鳴 비명
ひめい

**훈독** なく / なる / ならす
鳴く 울다
な
鳴き声 울음소리
な ごえ
鳴る 소리가 나다, 울리다
な
鳴らす 소리를 내다
な

## 387: N2

綿
솜 면
糸 | 14

**음독** めん
綿織物 면직물
めんおりもの
綿花 면화, 목화
めん か
綿密 면밀
めんみつ
木綿 목면, 솜
も めん

**훈독** わた
綿 솜
わた
綿毛 솜털
わた げ

## 388: N2
**勇** 날랠 용
力 | 9

**음독** ゆう
- 勇敢 용감 ゆうかん
- 勇気 용기 ゆうき
- 勇士 용사 ゆうし
- 勇断 용단 ゆうだん
- 勇猛 용맹 ゆうもう

**훈독** いさむ
- 勇む 용기가 살아나다 いさ
- 勇ましい 용감하다 いさ

## 389: N2
**郵** 우편 우
阝 | 11

**음독** ゆう
- 郵送 우송 ゆうそう
- 郵便 우편 ゆうびん
- 郵便局 우체국 ゆうびんきょく

**훈독** —

## 390: N2
**遊** 놀 유
⻌ | 12 (遊)

**음독** ゆう / ゆ
- 外遊 외유, 외국에 여행하거나 유학하는 일 がいゆう
- 遊園地 유원지 ゆうえんち
- 遊牧 유목 ゆうぼく
- 遊山 산이나 들에 놀러나감, 유람 ゆさん

**훈독** あそぶ
- 遊ぶ 놀다 あそ
- 水遊び 물놀이 みずあそ

## 391: N2
**優** 넉넉할/뛰어날 우
亻 | 17

**음독** ゆう
- 俳優 배우 はいゆう
- 優位 우위 ゆうい
- 優勝 우승 ゆうしょう
- 優勢 우세 ゆうせい
- 優先順位 우선순위 ゆうせんじゅんい
- 優待券 우대권 ゆうたいけん

**훈독** やさしい / すぐれる
- 優しい 상냥하다 やさ
- 優れる 뛰어나다, 우수하다 すぐ

## 392: N2
**与** 줄 여
一 | 3 (與)

**음독** よ
- 関与 관여 かんよ
- 寄与 기여 きよ
- 参与 참여 さんよ
- 授与 수여 じゅよ
- 与党 여당 よとう

**훈독** あたえる
- 与える 주다, 부여하다, 끼치다, 가하다 あた

| 일본한자 \| 부수와 총 획수 | | 음독과 훈독 |

## 393: N2
**予** 미리 예
亅 \| 4
豫

**음독** よ
予感 예감 よかん　予期 예기, 기리 기대함 よき　予言 예언 よげん　予告 예고 よこく
予算 예산 よさん　予習 예습 よしゅう　予想 예상 よそう　予定 예정 よてい
予防 예방 よぼう　予約 예약 よやく

**훈독** —

## 394: N2
**預** 맡길/미리 예
頁 \| 13

**음독** よ
預金 예금 よきん　預金通帳 예금통장 よきんつうちょう　預言 예언 よげん

**훈독** あずける / あずかる
預ける 맡기다 あず　預かる 맡다 あず

## 395: N2
**幼** 어릴 유
幺 \| 5

**음독** よう
幼児 유아 ようじ　幼稚園 유치원 ようちえん　幼虫 유충 ようちゅう　幼年時代 유년시절 ようねんじだい

**훈독** おさない
幼い 어리다, 유치하다 おさな　幼心 동심 おさなごころ　幼なじみ 소꿉동무 おさな

## 396: N2
**葉** 잎사귀 엽
艹 \| 12

**음독** よう
紅葉 단풍 こうよう　紅葉樹 광엽수, 활엽수 こうようじゅ　針葉樹 침엽수 しんようじゅ
葉緑素 엽록소 ようりょくそ　落葉 낙엽 らくよう

**훈독** は
葉 잎 は　若葉 어린잎, 새잎 わかば

## 397: N2
**陽** 볕 양
阝 \| 12

**음독** よう
太陽 태양 たいよう　陽気 명랑함 ようき　陽光 햇빛 ようこう　陽性 양성 ようせい

**훈독** —

## 398: N2

**溶** 녹을 용
氵 | 13

**음독** よう
水溶性 수용성
すいようせい
溶液 용액
ようえき
溶解 용해
ようかい
溶岩 용암
ようがん
溶接 용접
ようせつ

**훈독** とける / とかす / とく
溶ける 녹다
と
溶かす 녹이다
と
溶く 용해시키다
と

## 399: N2

**腰** 허리 요
月 | 13

**음독** よう
腰痛 요통
ようつう
腰部 허리부분
ようぶ

**훈독** こし
腰 허리
こし
強腰 강경한 태도
つよごし
弱腰 저자세
よわごし

## 400: N2

**踊** 뛸 용
足 | 14

**음독** よう
舞踊 무용
ぶよう

**훈독** おどる / おどり
踊る 춤추다
おど
踊り 무용
おど
踊り子 댄서
おど こ
踊り場 무도회장
おど ば

## 401: N2

**翌** 다음날 익
羽 | 11

翌

**음독** よく
翌日 다음 날
よくじつ
翌週 다음 주
よくしゅう
翌年 다음 해
よくねん
翌晩 다음날 밤
よくばん

**훈독** -

## 402: N2

**頼** 의지할 뢰
頁 | 16

頼

**음독** らい
依頼 의뢰
いらい
信頼 신뢰
しんらい
無頼漢 무뢰한
ぶらいかん

**훈독** たのむ / たのもしい / たよる
頼む 부탁하다, 기대하다
たの
頼もしい 믿음직하다
たの
頼る 의지하다, 연줄을 찾다
たよ

## 403: N2

**絡**
이을 락(낙)
얽을 락(낙)
糸 | 12

**음독** らく
短絡 단락
たんらく
脈絡 맥락
みゃくらく
連絡 연락
れんらく

**훈독** からむ / からまる
絡む 얽히다, 트집을 잡다
から
絡まる 얽히다, 트집을 잡다
から

## 404: N2

**乱**
어지러울 란
乚 | 7
亂

**음독** らん
一心不乱 일심불란, 한 가지 일에만 골몰함
いっしん ふ らん
反乱 반란
はんらん
乱雑 난잡
らんざつ
乱暴 난폭
らんぼう
乱立 난립
らんりつ

**훈독** みだれる / みだす
乱す 문란케하다
みだ
乱れる 문란해지다
みだ

## 405: N2

**裏**
속 리
衣 | 13

**음독** り
脳裏 뇌리
のうり
表裏 표리, 겉과 안
ひょうり

**훈독** うら
裏 뒤
うら
裏側 뒷쪽
うらがわ
裏表 안과 겉
うらおもて
裏切る 배반하다
うら ぎ
裏口 뒷문, 부정한 수단
うらぐち
裏通り 뒷길, 뒷골목
うらどお

## 406: N2

**律**
법칙 률(율)
彳 | 9

**음독** りつ / りち
一律 일률
いちりつ
規律 규율
きりつ
調律 조율
ちょうりつ
法律 법률
ほうりつ

**훈독** ―

## 407: N2

**略**
간략할 략(약)
田 | 11

**음독** りゃく
簡略 간략
かんりゃく
計略 계략
けいりゃく
策略 책략
さくりゃく
省略 생략
しょうりゃく
略称 약칭
りゃくしょう
略する 생략하다
りゃく
略図 약도
りゃくず

**훈독** ―

## 408: N2

**留** 머무를 류(유)
田 | 10

**음독** りゅう / る
- 蒸留水 じょうりゅうすい 증류수
- 停留所 ていりゅうじょ 정류소
- 保留 ほりゅう 보류
- 留学 りゅうがく 유학
- 留任 りゅうにん 유임
- 留守 るす 빈집을 지킴, 부재중

**훈독** とめる / とまる
- 留める と 고정시키다
- 書留 かきとめ 등기 우편
- 留まる と 고정되다

## 409: N2

**粒** 낟알 립(입)
米 | 11

**음독** りゅう
- 粒子 りゅうし 입자
- 粒状 りゅうじょう 알갱이 모양

**훈독** つぶ
- 粒 つぶ 알
- 粒選り つぶより 알짜만 모음

## 410: N2

**了** 마칠 료
亅 | 2

**음독** りょう
- 完了 かんりょう 완료
- 修了 しゅうりょう 수료
- 終了 しゅうりょう 종료
- 了解 りょうかい 양해, 알아들음
- 了承 りょうしょう 사정을 참작하여 승낙함

**훈독** —

## 411: N2

**涼** 서늘할 량
氵 | 10

**음독** りょう
- 清涼剤 せいりょうざい 청량제
- 納涼 のうりょう 납량

**훈독** すずしい / すずむ
- 涼しい すず 시원하다
- 涼む すず 시원한 바람을 쐬다

## 412: N2

**療** 병 고칠 료(요)
疒 | 17

**음독** りょう
- 医療 いりょう 의료
- 診療 しんりょう 진료
- 治療 ちりょう 치료
- 療法 りょうほう 요법
- 療養 りょうよう 요양

**훈독** —

| 413: N2  輪<br>바퀴 륜(윤)<br>車 \| 15 | **음독** りん |
|---|---|
| | 一輪 한 송이 / 車輪 차바퀴 / 年輪 연륜 / 輪郭 윤곽<br>いちりん / しゃりん / ねんりん / りんかく |
| | **훈독** わ |
| | 輪 고리 / 首輪 목걸이 / 指輪 반지 / 輪投げ 고리던지기<br>わ / くびわ / ゆびわ / わなげ |

| 414: N2<br>類<br>무리 류(유)<br>頁 \| 18  | **음독** るい |
|---|---|
| | 衣類 의류 / 種類 종류 / 書類 서류 / 人類 인류<br>いるい / しゅるい / しょるい / じんるい |
| | 分類 분류 / 類型 유형 / 類似 유사 / 類推 유추<br>ぶんるい / るいけい / るいじ / るいすい |
| | **훈독** たぐい |
| | 類 비슷한 것, 유례<br>たぐい |

| 415: N2  戻<br>어그러질 려<br>戸 \| 7  | **음독** れい |
|---|---|
| | 返戻 반려<br>へんれい |
| | **훈독** もどす / もどる |
| | 戻す 되돌리다 / 巻戻し 되감기 / 戻る 되돌아가(오)다<br>もどす / まきもどし / もどる |

| 416: N2  零<br>떨어질 령(영)<br>雨 \| 13 | **음독** れい |
|---|---|
| | 零下 영하 / 零細 영세 / 零時 영시 / 零点 영점<br>れいか / れいさい / れいじ / れいてん |
| | 零度 영도 / 零落 영락, 몰락함<br>れいど / れいらく |
| | **훈독** — |

| 417: N2  齢<br>나이 령<br>歯 \| 17  | **음독** れい |
|---|---|
| | 高齢化 고령화 / 年齢 연령 / 妙齢 젊은 나이 / 老齢 노령<br>こうれいか / ねんれい / みょうれい / ろうれい |
| | **훈독** — |

## 418: N2

**練**
익힐 련(연)
糸 | 14
練

- 음독 **れん**
  - 訓練 훈련 (くんれん)
  - 試練 시련 (しれん)
  - 熟練 숙련 (じゅくれん)
  - 洗練 세련 (せんれん)
  - 練習 연습 (れんしゅう)
- 훈독 **ねる**
  - 練る 반죽하다, 연마하다, 다듬다 (ね)

## 419: N2

**論**
논의할 론(논)
言 | 15

- 음독 **ろん**
  - 議論 의논 (ぎろん)
  - 結論 결론 (けつろん)
  - 口論 언쟁, 말다툼 (こうろん)
  - 持論 지론 (じろん)
  - 正論 정론 (せいろん)
  - 討論 토론 (とうろん)
  - 反論 반론 (はんろん)
  - 論争 논쟁 (ろんそう)
  - 論文 논문 (ろんぶん)
  - 論理 논리 (ろんり)
- 훈독 —

## 420: N2

**湾**
물굽이 만
氵 | 12
灣

- 음독 **わん**
  - 港湾 항만 (こうわん)
  - 台湾 타이완 (たいわん)
  - 湾岸 만의 연안 (わんがん)
  - 湾内 만의 안쪽 (わんない)
- 훈독 —

## 421: N2

**腕**
팔뚝 완
月 | 12

- 음독 **わん**
  - 才腕 재완, 수완 (さいわん)
  - 手腕 수완 (しゅわん)
  - 腕章 완장 (わんしょう)
  - 腕力 완력 (わんりょく)
- 훈독 **うで**
  - 腕 팔, 솜씨 (うで)
  - 腕相撲 팔씨름 (うでずもう)
  - 腕前 솜씨 (うでまえ)

### 중앙에듀북스
### 중앙경제평론사

**Joongang Edubooks Publishing Co./Joongang Economy Publishing Co.**

중앙에듀북스는 폭넓은 지식교양을 함양하고 미래를 선도한다는 신념 아래 설립된 교육·학습서 전문 출판사로서 우리나라와 세계를 이끌고 갈 청소년들에게 꿈과 희망을 주는 책을 발간하고 있습니다.

### 창작동화로 배우는 일본어 필수한자 N2 421자

초판 1쇄 인쇄 | 2014년 8월 18일
초판 1쇄 발행 | 2014년 8월 22일

지은이 | 이노우에 노리오(井上憲雄)
편역자 | 강봉수(Bongsoo Kang)
펴낸이 | 최점옥(Jeomog Choi)
펴낸곳 | 중앙에듀북스(Joongang Edubooks Publishing Co.)

대       표 | 김용주
책 임 편 집 | 강봉수
본문디자인 | 오미영

출력 | 현문자현   종이 | 한솔PNS   인쇄·제본 | 현문자현

잘못된 책은 바꾸어 드립니다.
가격은 표지 뒷면에 있습니다.

ISBN 978-89-94465-27-2(13730)

원서명 | 小学校学習漢字1006字がすべて読める漢字童話

등록 | 2008년 10월 2일 제2-4993호
주소 | ㉾100-826 서울시 중구 다산로20길 5(신당4동 340-128) 중앙빌딩
전화 | (02)2253-4463(代) 팩스 | (02)2253-7988
홈페이지 | www.japub.co.kr  이메일 | japub@naver.com

♣ 중앙에듀북스는 중앙경제평론사·중앙생활사와 자매회사입니다.

이 책은 중앙에듀북스가 저작권자와의 계약에 따라 발행한 것이므로 본사의 서면 허락 없이는 어떠한 형태나 수단으로도 이 책의 내용을 이용하지 못합니다.

▶ 홈페이지에서 구입하시면 많은 혜택이 있습니다.

※ 이 도서의 국립중앙도서관 출판시도서목록(CIP)은 서지정보유통지원시스템 홈페이지(http://seoji.nl.go.kr)와 국가자료공동목록시스템(http://www.nl.go.kr/kolisnet)에서 이용하실 수 있습니다.(CIP제어번호:CIP2014021927)

# "한자능력검정시험(8~3급) 합격이 보인다!"

한자공부의 혁신을 일으킨
### 김미화 선생님의 〈한자공부 시리즈〉

### 중학교 900자 漢번에 끝내字

초·중등 수준에서 꼭 익혀야 할 교육용 중학교 900자를 누구나 쉽게 익힐 수 있도록 풀이했으며, 한국어문회 8~4급 배정한자를 수록했다.

김미화 글·그림 | 올컬러판

---

### 고등학교 한자 900 漢번에 끝내字

교육용 한자 1800자 가운데 고등학교용 900자를 15개 테마로 묶어 자원(字源)을 설명했으며, 한국어문회 8~3급 배정한자를 실었다.

김미화 글·그림 | 올컬러판

---

현직 한문선생님이 들려주는 ### 한자를 알면 세계가 좁다

63개 핵심 고사성어와 그 구성 한자 2100여 자를 다양한 그림을 곁들여 흥미진진하게 풀이한 일석오조의 한자백과사전이다.

김미화 글·그림 | 올컬러판

---

### 술술 외워지는 한자 1800

20여년 경력의 현직 한문선생님이 한자학습의 비법을 정리한 정통 한자학습서로, 교육용 한자 1800자를 쉽고 재미있게 익힐 수 있다.

김미화 글·그림 | 올컬러판

한국간행물윤리위원회 청소년권장도서 선정

# 알면 알수록 신비한
# 인간 유전
# 100가지

▼ 화제의 책

사마키 에미코 외 지음 | 홍영남 감수 | 박주영 옮김

**초·중·고생, 대학생, 일반 교양인들이
꼭 알아야 할 최신 인간 유전자 지식 총망라!**

'생명이란 무엇인가' 라는 질문부터 시작하여 유전자와 생물 진화의 관계 등 많은 사람들이 궁금해 하는 인간 유전에 관한 100가지 최신 정보를 세밀화를 곁들여 알기 쉽게 설명해준다. DNA란 어떤 물질인지, 유전자와 진화의 관계, 그리고 유전자 조작의 구체적인 사례들이 담겨 있다. 생명윤리 관점에서 설명했기 때문에 기존의 유전 관련 책과는 전혀 다른 느낌을 주는 책이다.

'일반인이 꼭 알아야 할 인간 유전 기초 상식' 이라는 부제답게 어렵게만 느껴지는 생명공학 관련 내용을 100가지 질문으로 알기 쉽게 짚어냈다. - 중앙일보

암은 유전되는 것일까, 술 잘 마시는 유전자와 술 못마시는 유전자는 있는 것일까 등 인간 유전에 관한 100가지 궁금증을 흥미있게 풀어준다. - 한국일보

염색체, 유전자, 게놈, 생명공학 등 헷갈리기 쉬운 용어들을 설명하고, 또 그런 것들이 어떻게 자신과 어떤 관계를 맺고 있는지 정리했다. - 서울경제

---

**주요 내용**

단 하나의 세포가 일으키는 기적 | DNA 암호는 어떻게 해독되었을까 | DNA, 염색체, 유전자, 게놈… 헷갈리기 쉽다 | 술 잘 마시는 유전자, 술 못 마시는 유전자 | 생물은 이기적인 유전자의 이동 수단인가 | 가짜 유전자와 쓰레기 유전자 | 복제 동물은 어떻게 사용할 수 있을까 | 보험에 들지 못하는 사람도 나온다? | 당신도 먹고 있는 유전자 재조합 작물

# 품격일본어 교습소

일본 유학 약 6년 6개월 / N1 180 만점 / 원장 직강

- 모집대상 : 초/중/고/일반(소수 정예수업)
- 수업편성 : 초급/중급/고급 회화반
  시험대비반(新JLPT, JPT)
- 교습비 게시표

| 교습과목 | 총교습시간 (일○분×주○회) | 정원 (반당) | 교습비(원) | 징수단위 (월, 분기) |
|---|---|---|---|---|
| 일본어 초등1 | 주1회 100분 총420분 | | 70,000원 | |
| 일본어 초등2 | 주2회 100분 총840분 | | 140,000원 | |
| 일본어 초등3 | 주3회 100분 총1260분 | | 210,000원 | |
| 일본어 초등4 | 주4회 100분 총1680분 | | 280,000원 | |
| 일본어 초등5 | 주5회 100분 총2100분 | 5 | 350,000원 | 월 |
| 일본어 중등/고등/일반 공통사항 | 주1회 100분 총420분 | | 75,000원 | |
| | 주2회 100분 총840분 | | 150,000원 | |
| | 주3회 100분 총1260분 | | 225,000원 | |
| | 주4회 100분 총1680분 | | 300,000원 | |
| | 주5회 100분 총2100분 | | 375,000원 | |

※ 기타 경비 없음

교육상담 ☎ 010-5180-9150

광양중학교와 경남아너스빌 중간 1층(자양2동)

# 중복 보상

민꽈 장편소설

엘릭시르

# 민려

네 나라, 다섯 도시를 떠돌며 청춘을 보냈기에 마음이 한곳에 뿌리내리지 못하고 늘 떠 있었다. 먹고 살 일을 결정하는 것 또한 마찬가지였는데, 은행원에서 예능PD를 거쳐 라디오PD까지 직업을 널뛰듯 옮겨 다녔다.

'제7회 교보문고 스토리공모전'에 당선된 데뷔작 『증발: 도깨비불』을 발표한 후부터 지금까지는, 다행히 진득하게 직업인으로서 글을 쓰며 살아간다.

디자인
이혜진